안중근 의사의 삶과 꿈

대한국인 안중근 의사 표준영정

Korean Patriot Ahn Jung Geun

Photographies and Calligraphies

안중근 의사의 삶과 꿈

(사) 안중근의사숭모회

조국이 기울어 갈 제 정기를 세우신 이여!
역사의 파도 위에 산같이 우뚝한 이여!
해달도 길을 멈추고 다시 굽어보도다.

– 이은상

안중근 의사에게 추서된 대한민국 건국훈장
대한민국장

안중근 의사의 삶과 꿈

전 안중근의사기념관 관장, 중앙대 명예교수
김호일 엮음
초판 1쇄 발행일 — 2010년 7월 30일
증보판 발행일 — 2025년 6월 5일
발행인 — 김황식
편찬인 — 유영렬
편집 — 정하철, 오영섭, 이혜균, 이주화
디자인 — 정현영
발행처 — (사)안중근의사숭모회
　　　　서울 중구 소월로 91
　　　　전화 02) 771-4195~6 팩스 02) 753-5033
제작 — (주)서울셀렉션

ISBN 979-11-89809-85-0 03910

ⓒ 2025 안중근의사숭모회
http://www.patriot.or.kr

* 책 값은 뒤표지에 있습니다.
* 잘못된 책은 구입하신 서점에서 바꾸어 드립니다.
* 이 책은 저작권법에 따라 보호를 받는 저작물이므로 무단 전재와 복제를 금합니다.

간행사

동서고금의 역사를 돌아보면 나라와 민족을 지키고 평화와 자유를 위해 소중한 목숨을 바친 의인과 열사가 헤아릴 수 없이 많습니다. 이 중에서 안중근 의사는 한국독립과 세계평화를 위한 굳은 신념을 실현하고자 31세의 나이로 이역만리 이국땅에서 순국하신 분입니다.

안중근 의사의 정신과 사상은 인류의 보편적 가치인 평화와 나라사랑을 위한 것이었습니다. 역동적, 미래지향적, 영웅적 삶을 살다 가신 안 의사는 민족의 횃불과 세계평화의 등불이 되어 영원히 빛나고 있습니다.

1905년 대한제국은 일본에 의해 강제로 체결당한 을사늑약으로 외교권을 빼앗기고 풍전등화의 위기를 맞았습니다. 이에 안 의사는 국권 회복을 위해 사재를 출연하여 교육사업을 추진하고 국채보상운동에도 앞장섰습니다. 그러나 일제의 방해로 국내에서 국권회복운동이 어렵게 되자 북간도 지역을 경유하여 러시아 연해주로 망명했습니다.

연해주에서 안 의사는 동포들과 함께 의병을 모집하여 국내진공작전을 벌여 함경도에서 일본군과 치열한 전투를 펼치며 전적을 세웠으나 영산 전투에서 신식무기로 무장한 일본군에게 크게 패한 후 퇴각을 거듭하다 연해주로 돌아와 재기를 모색했습니다. 이때 의병 동지들과 국권 회복을 위해 헌신할 것을 다짐하며 무명지 한 마디를 잘라 그 피로 '대한독립' 혈서를 쓰고 단지동맹을 맺었습니다.

안 의사는 1909년 10월 26일 9시 반경 하얼빈역 플랫폼에서 우리나라 침략의 원흉이며 동양의 평화를 파괴한 이토 히로부미를 처단했습니다. 이후 요동반도 끝에 자리한 뤼순감옥으로 이감되어 5개월 동안 치열한 법정투쟁을 거치면서 자서전인 『안응칠 역사』와 200여 점의 옥중 유묵, 미완성 논문 『동양평화론』 등을 남기고 의연히 순국하였습니다.

안 의사의 짧은 삶은 처절하고 장엄했으며 그의 정신과 사상은 21세기에 들어 국내는 물론 일본, 중국, EU 등 국제사회에서 더욱 빛을 발하고 있습니다. 따라서 안 의사의 고귀한 나라사랑 정신과 평화 사상을 기리고 계승·발전시켜 나가는 것이 후세를 살아가는 우리 국민 모두의 책무일 것입니다.

안중근의사숭모회에서는 60여 년 동안 안중근 의사 선양 및 추모 사업을 펼쳐왔습니다. 그 과정에서 수집한 자료를 바탕으로 1980년 『안응칠 역사』 한글 번역본을 처음 발간하였고, 2001년 『안중근 유묵·사진』 도록 발간, 2010년 안 의사 순국 100년을 맞아 『안중근 유묵·사진』의 개정판인 『대한국인 안중근』 도록을 발간했습니다. 이제 안 의사 순국 115주기에 즈음하여 그동안 새로 발굴된 자료와 최신 연구성과를 반영하여 『대한국인 안중근』의 증보판인 『안중근의 삶과 꿈』 도록을 발간하게 되었습니다.

이 도록의 발간을 위해 특별히 후원해주신 ㈜협성종합건업·협성문화재단의 정철원 이사장님과 배천 조 씨 대종회 조홍준 부회장님께 깊은 경의와 감사를 표합니다. 또한 도록 편찬을 위해 힘써 주신 유영렬 안중근의사기념관장, 정하철 전 서울보훈청장, 오영섭 명지대 연구교수, 이혜균 본회 사무처장, 이주화 안중근의사기념관 학예부장의 노고에 깊은 치하를 드립니다. 아울러 이 도록의 출간을 위해 수고해주신 서울셀렉션 김형근 사장님을 비롯한 관계자 여러분께도 감사를 드립니다.

아무쪼록 새로 발간되는 도록이 자라나는 청소년들을 비롯하여 많은 국민에게 널리 읽히기를 바라며, 이를 통해 안 의사의 숭고한 애국정신과 평화 사상을 한국민 모두가 마음속에 담아두고 실천해 나갈 수 있기를 기원합니다. 감사합니다.

2025년 3월 26일

김황식

㈔ 안중근의사숭모회 이사장, 전 국무총리

편찬사

세계의 영웅, 안중근 의사

국가에 헌신하는 애국지사들은 편협한 국수주의에 빠지기 쉽다. 헌신적인 애국지사들은 모든 것을 바쳐 자기 나라에 몰두하여 타국의 입장을 생각하지 않기 때문이다.

그러나 안중근 의사는 독실한 천주교 신자였으며, "하늘이 사람을 내어 모두 형제가 되었으니, 각자 자유를 지켜 행복하게 살아야 한다."고 생각한 사해동포주의자였다. 그리고 그는 구체적으로 동양평화론을 통하여 국가 간의 평화공존을 주장했다.

안중근 의사가 구상한 동양평화론은 뤼순에 동양평화회의 본부를 설치하고, 한국·청국·일본 3국 연합군의 창설, 3국 공동은행의 설립, 3국 공용화폐의 발행, 그리고 3국의 경제협력을 통해 동북아의 항구적인 평화공존을 추구한 동북아연합의 구상이었다.

나아가 안중근 의사는 아시아 각국의 평화공존을 추구하여 동북아연합을 확대한 아시아연합을 구상했다. 안중근 의사의 아시아연합 구상은 유럽연합보다도 80여 년 앞선 선구자적인 국가공동체 구상이었다.

안중근 의사가 주장한 동양평화론의 1차 목표는 당시 서양세력이 동양으로 침략해오는 시기에, 한국·청국·일본 3국이 동맹하여 서양침략으로부터 동양평화를 수호하는 것이었다. 그의 동양평화론의 제2차 목표는 한·청·일 3국이 동맹의 힘을 배경으로 유럽과 세계 각국에 평화를 주장하여 세계평화를 이루는 것이었다.

이처럼 안중근 의사는 동양평화의 방안뿐만 아니라 세계평화의 방안까지 제시했다. 안중근 의사는 세계평화가 이루어져야 동양평화가 이루어지고, 동양평화가 이루어져야 한국의 독립이 보전될 수 있다고 생각한 것이다.

안중근 의사는 우리나라 독립운동가 중에서는 거의 유일하게 한일친선과 타국과의 평화공존을 강조하고, 동양평화와 세계평화의 방안을 제시안 국제협조적인 진정한 세계주의자였다.

그리고 안중근 의사는 일본군국주의의 침략정책은 한국과 중국뿐만 아니라 결국 일본도 멸망시킬 것이라 생각하고, 한국과 일본, 동양평화와 세계평화를 위해 일본군국주의 침략원흉인 이토 히로부미를 제거했으므로 진정한 세계의 영웅이라 할 수 있다.

한국인들은 안중근 의사를 '민족의 영웅'으로 존경해 오고 있다. 그런데 하얼빈의거 직후에 일본검사는 최초로 안중근 의사를 '동양의 의사'라 평가했고, 오늘날 일본인들은 안중근 의사를 동양평화와 세계평화의 방안을 제시한 '탁월한 사상가'로 평가하고 있다.

일찍이 중국인들은 "안중근 의사의 이토 사살은 한국뿐만 아니라, 세계의 공동의 적을 처단한 것이므로, 안중근 의사는 동아시아의 공로자이고, 세계의 공로자"라고 평가해오고 있다. 그리고 하얼빈의거는 한국독립뿐만 아니라 세계평화를 위한 것이므로 안중근 의사는 '세계의 영웅'이며 '세계의 위인'이라 평가해오고 있다.

요컨대, 안중근 의사는 국가 간 평화공존의 사상을 가지고 동양평화와 세계평화의 구체적인 방안을 제시한 미래지향적인 사상가였고, 동양평화와 세계평화를 위협하는 일본제국주의 침략 원흉을 제거하기 위해 목숨을 바친 세계의 공로자이며, 진정한 의미의 세계의 영웅이라 할 수 있다.

2025년 3월 26일

유영렬

안중근의사기념관장, 전 국사편찬위원회 위원장

대한국인 안중근, 그의 삶과 꿈

1879. 9. 2 - 1910. 3. 26

31세의 불꽃같은 삶을 살다가 순국한 안중근 의사1879. 9. 2 - 1910. 3. 26는 우리 민족의 영원한 스승이었고, 민족정기를 바로 세운 위대한 영웅이었다.

1909년 10월 26일 오전 9시 30분, 중국 흑룡강성 하얼빈역 플랫폼에서 울려 퍼진 3발의 총성은 한국 침략의 원흉이며 동양평화의 교란자인 이토 히로부미를 처단한 정의의 의탄義彈이었다.

대한국인 안중근은 본관이 순흥, 고려말 성리학자인 문성공 안향安珦의 26대손으로 황해도 해주부黃海道 海州府 광석동廣石洞 수양산首陽山 아랫마을에서 태어났다. 조부는 안인수安仁壽로 진해현감鎭海縣監을 역임했으며, 부친은 성균진사成均進士 안태훈安泰勳/세례명 베드로이었고, 모친은 배천조씨白川 趙氏/세례명 마리아로 3남1녀 중 장남이었다.

안중근 집안은 여러 대에 걸쳐 해주에서 살았으며, 그곳의 향반鄕班으로 황해도에서 알아주는 무반武班이자 자산가였다.

그는 태어날 때 가슴과 배에 일곱 개의 점이 있어 북두칠성의 정기를 타고났다고 하여 이름을 응칠應七이라고 하였으나 자라나서는 중근重根이라고 불렸으니 이는 경망하지 말고 행동거지를 무겁게 하라는 뜻에서 지어진 이름이었다. 그의 호號는 해주海州였고, 별명은 친구들 사이에서 번개입電口이라고 했다.

6세 때인 1884년, 나라에서는 갑신정변甲申政變이 일어났고, 개화파였던 부친 안태훈은 70명의 일본 유학생단에 선발되었으나 이를 포기하고 이듬해 황해도 신천군信川郡 두라면斗羅面 청계동淸溪洞 천봉산天峯山 밑으로 이사했다. 이곳에서 어린 시절을 보낸 안중근은 서당에서 사서삼경四書三經을 읽고 무술을 연마했다.

16세 때인 1894년 동학東學을 빙자한 무리들이 황해도 곳곳에서 소란을 피우자 부친이 조직한 신천의려군信川義旅軍의 선봉장先峰將으로 활약했다. 이해 황해도 재령載寧 향반 김홍섭金洪燮의 따님 아려亞麗/세례명 아네스 규수와 결혼을 하여 2남1녀(장녀 현생, 장남 분도, 차남 준생)를 두었다. 19세 때인 1897년, 부친을 비롯한 집안 어른과 청계동 주민 등 33인이 함께 천주교에 입교, 프랑스 외방전도회 선교사 요셉 빌렘Joseph Wilhelm/한국명 홍석구 신부에게 세례를 받고(세례명 도마/Thomas) 순국할 때까지 천주교 신자로 생활했다.

爲國獻身軍人本分

庚戌三月 於旅順獄中
大韓國人 安重根 謹拜

나라를 위하여 몸을 바침은
군인의 본분이다.
1910년 3월 뤼순감옥에서
대한국인 안중근
명주천 126.1㎝×25.9㎝,
안중근의사숭모회 소장

1904년 러일전쟁에서 승리한 일제(일본제국주의의 약칭)는 한국 침략을 노골화하기 시작하여 이듬해인 1905년 을사늑약, 소위 을사보호조약乙巳保護條約을 체결케 하고 한국의 외교권을 빼앗아 통감부統監府를 설치, 한국을 완전히 보호국으로 만드는 데 박차를 가하였다. 이에 안중근은 풍전등화와 같은 나라의 운명을 걱정하고 항일독립운동에 몸 바칠 것을 다짐했다.

먼저 그는 해외 독립운동기지를 마련하기 위하여 중국 상해, 산동반도 등을 돌아다녔으나 여의치 않자 귀국하여 청계동에서 진남포鎭南浦로 이주, 애국계몽운동에 발 벗고 나섰다.

우선 실력양성을 위한 교육구국운동에 심혈을 기울여 진남포에서 삼흥학교三興學校, 돈의학교敦義學校를 경영하면서 민족의 동량棟樑을 양성하는 데 앞장섰으며, 국채보상운동에도 적극 가담하여 활동하고, 한재호, 송병운과 함께 삼합의三合義란 석탄회사를 설립하여 민족자본육성에 노력하기도 하였다.

그러나 일본은 1907년 정미7조약丁未七條約을 체결케 하여 차관정치次官政治를 실시함과 동시에 군대해산까지 감행했다. 이를 본 안중근은 국내에서의 항일운동에 한계를 느끼고 국외로 망명, 북간도를 거쳐 연해주에 정착했다. 이곳을 중심으로 안중근은 동포들이 살고 있는 각 지역을 다니면서 계몽강연과 의병 조직을 역설하고, 그 결과 이듬해 봄 김두성金斗星을 총독에, 이범윤李範允을 대장에 추대한 대한의군大韓義軍을 창설했다. 그 자신은 대한의군 참모중장 겸 특파독립대장, 아령지구사령관에 취임하여 항일투쟁의 조직화에 성공했다.

안중근은 1908년 7월, 의병부대를 이끌고 누만강을 건너 국내 진공작전을 전개하였으니 이는 국외에서 국내로 진입한 의병전쟁의 시초였다. 그러나 강력한 일본군의 화력으로 실패하고 천신만고 끝에 연해주로 돌아와 재기를 도모하였으나 여건은 여의치 못했다. 이에 그는 1909년 봄, 의병 동지 11명과 함께 엔치야煙秋 카리下里에서 왼손 무명지 첫 마디를 자른 단지동맹斷指同盟을 결성, 태극기에 '대한독립' 4자를 혈서로 쓰고 끝까지 일본에 대항해 독립을 쟁취할 것을 다짐했다.

이해 10월, 엔치야에 머물고 있었던 안중근은 심신이 몽롱하고 어떤 신비함이 몸을 감싸자 견딜 수 없어 블라디보스토크로 갔다. 이곳에서 일본 추밀원 의장인 이토가 러시아 재무대신 코코프체프와 회담하기 위하여 하얼빈에 온다는 소식을 접하고 이토 처단은 하늘이 준 기회라고 생각했다. 이에 동지 우덕순禹德淳, 통역 유동하劉東夏와 함께 하얼빈에 도착, 적장을 처단한 것이다.

일본은 안중근 의사를 살인자로 규정, 관동도독부關東都督府 재판소에서 사형을 선고하였다. 이 과정에서 자기는 대한의군 참모중장의 자격으로 적장인 이토를 처단한 것이니 국제공법에 의해 전쟁포로로 재판할 것을 주장하고, 이토의 한국에 대한 죄악 15조목을 논리정연하게 주장했다. 뤼순감옥에서 150일간의 수형생활은 세기의 공판투쟁이었고, 심문받던 1909년 12월 13일부터 순국한 1910년 3월 26일까지 자신의 전기인 『안응칠 역사』와 『동양평화론』 서문과 전감前鑑 일부분을 집필했다. 또한 이 기간에 200여 점의 옥중 육필獄中 肉筆을 남겨 안중근은 의사로서, 장군으로서뿐만 아니라 사상가, 서예가로서의 면모를 우리에게 알려주었다. 또한 천주교 신자로서, 교육가로서, 진정한 한국인으로서 삶을 영위한 민족적 영웅의 기개를 보여주었다.

1910년 3월 26일 오전 10시, 어머니께서 보내온 명주 두루마기를 입고 사형대에 올라간 안중근은 천주께 기도를 드리고 의연하게 죽음을 맞이했다. 안중근의 삶은 불과 30년 6개월이란 기간으로 짧았지만 그는 대한독립과 동양평화의 뜻을 실현하기 위하여 살신성인한 애국지사였다.

서세동점西勢東漸의 물결과 부정부패로 인한 정치적 혼란은 대한제국을 빈사의 중병환자로 만들었고, 이를 극복하기 위하여 뜻있는 독립운동가들이 처참하리만치 자기 한 몸을 던져 구국운동에 나섰던 것이 당시 한국의 실정이었다.

어제의 선린善隣관계였던 일본이 1868년 메이지유신明治維新으로 왕정복고를 통한 입헌군주제로 정치체제를 바꾸고 서구 자본주의에 의한 제국주의 국가로 탈바꿈하였다. 일본 제국주의는 정한론征韓論을 내세워 대한제국을 침략하여 식민지로 만들려고 온갖 만행을 저지르고 있었다.

안중근 의사는 이와 같은 약육강식弱肉强食 풍진시대風塵時代를 통찰하고 자주적인 대한의 독립을 실현할 뿐만 아니라 동양평화, 나아가 인류평화를 위한 구체적인 방략을 구상하고 그 결과를 『동양평화론』이라는 이론으로 표출하였다.

안중근의 동양평화론 구상은 그가 평소에 가지고 있던 삼애정신三愛精神인 애천愛天 애인愛人 애국愛國을 사상적 기반으로 하여 19세기 제국주의시대에 대처한 논리였다.

『동양평화론』은 1.서문序文 2.전감前鑑 3.현상現狀 4.복선伏線 5.문답問答으로 기술하려고 하였으나 사형이 빨리 집행됨에 따라 서문과 전감 일부만 집필하고 미완성으로 끝나고 말았다.

안중근 의사는 서문에서 19세기 제국주의시대에 동양3국의 단합을 강조하고 이를 통하여 서구 제국주의 열강의 침략을 막고 특히 방아책防俄策을 강구하여야 한다고 주장하였다. 전감에서는 예부터 동서남북 어느 주를 막론하고 예측하기 어려운 것은 대세大勢의 반복이요 알 수 없는 것이 인심人心의 변천이라고 하면서 역사의 진전은 인간의 의지 여하에 따라 결정된다고 보았다. 그리하여 아시아 대륙에서 일어났던 청일전쟁, 러일전쟁을 통한 동양사회의 정세와 이에 대한 대책 강구를 논리정연하게 설파하고 있다. 그러나 내용으로 보아 전감 전부를 기술하지 못하였으며, 나아가 현상, 복선, 문답은 손도 대지 못하였던 것이다.

그리하여 현재 서문, 전감 일부분만 가지고 동양평화론 전체를 거론할 수 없지만 재판과정에서 안중근에 대한 신문조서, 청취서 등을 통하여 그가 꿈꾸었던 동양평화의 구체적 모습을 추론해 볼 수 있다.

우선 3국(한·중·일)이 동양의 중심지이며 랴오둥반도遼東半島의 항구도시인 뤼순旅順을 영세중립지永世中立地로 만들고, 3국 대표에 의한 상설위원회를 설치하고 동양평화회의(회원 1인당 회비 1원 갹출) 운영, 공동출자에 의한 공동은행 설립 및 공용화폐 발행, 평화군(3국 청년 중 2개 국어 구사) 양성, 영세중립지 보호, 공동경제발전 도모, 국제적 승인 확보를 이룩하려고 하였다. 이는 현재 EU유럽연합 EURO유로화 ASEM아시아유럽정상회 등과도 같은 것이었다.

한 시대 한 지역을 넘어선 지구상의 모든 인류가 평화롭게 오순도순 싸우지 않고 사이좋게 살아가는 세상을 만들려고 했던 동양평화론은 칸트Kant의 세계평화론과 일맥상통한다고 볼 수 있다. 지금으로부터 100년 전 안중근이 이러한 이론을 주장했다는 것은, 선각자라기보다는 세상을 읽고 미래를 이끌어 가려고 했던 경세가經世家로서의 면모를 다시 한 번 생각하게 한다.

차례

간행사 | 김황식   7

편찬사 | 유영렬   9

대한국인 안중근, 그의 삶과 꿈   11

---

1. **안중근 의사의 탄생**   19

2. **애국계몽운동 전개**   47

3. **천주교 전교활동**   55

4. **항일무장투쟁**   75

5. **단지동맹**   89

6. 하얼빈 의거	99
7. 뤼순 재판투쟁	121
8. 사형선고와 동양평화론	157
9. 유묵과 어록	177
10. 추모사와 평가	217

안중근 연보	253
참고문헌	256

1.
안중근 의사의 탄생

1879년 7월 16일. 대한국 황해도 해주부 수양산 아래서
한 남아가 태어나니 성은 안이요, 이름은 중근, 자는 응칠(성질이
가볍고 급한 데에 가까웠기 때문에 이름을 중근이라 하고,
배와 가슴에 일곱 개 검은 점이 있어 자를 응칠이라 함)이라 하였다.
할아버지의 이름은 인수인데 성품이 어질고 무거웠으며,
살림이 넉넉했을뿐더러, 자선가로서도 도내에 이름이 높았다.
일찍 진해현감을 지낸 이로서 6남3녀를 두었다. 맏이는 태진,
둘째는 태현, 셋째는 태훈(나의 아버지), 넷째는 태건,
다섯째는 태민, 여섯째는 태순으로서 모두 6형제였다.
모두 글을 잘했고 넉넉했다.

- 안중근, 『안응칠 역사』에서

황해도 해주 수양산 전경

안중근 의사는 1879년 9월 2일(음력 7월 16일) 해주 수양산 아래 광석동에서 탄생하였다.

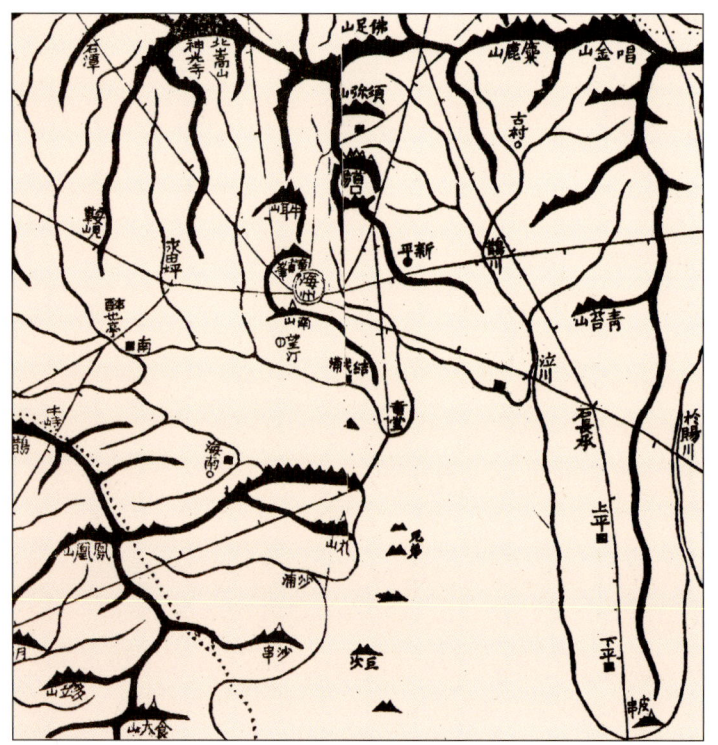

황해도 해주부
『대동여지도』(부분)

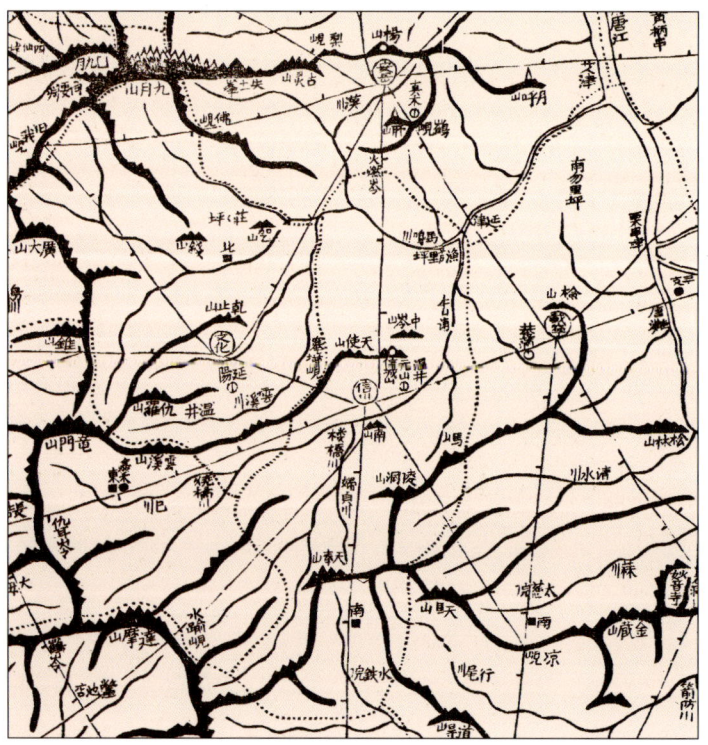

황해도 신천군
『대동여지도』(부분)

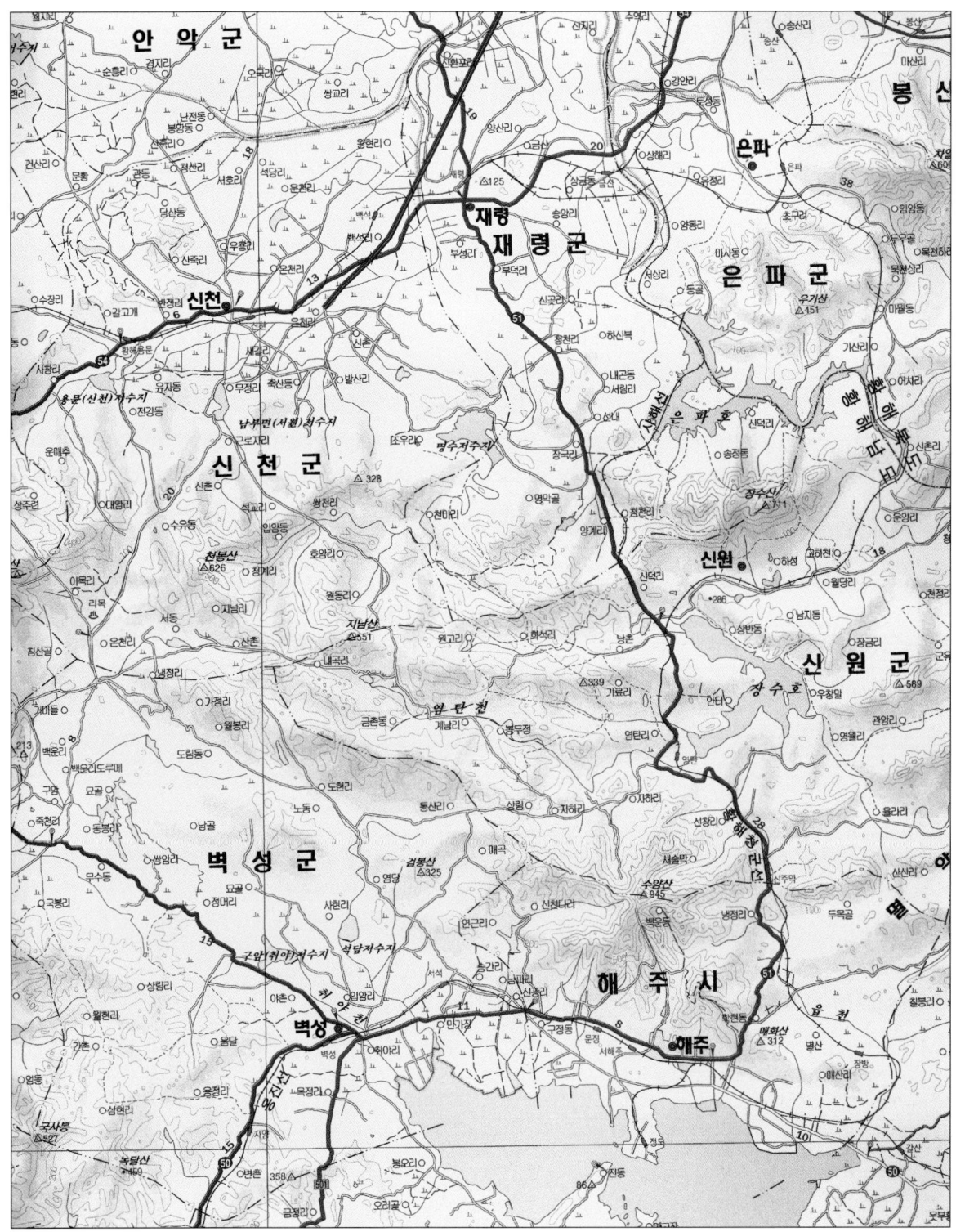

현재의 북한 황해도 지도 1:20,000

안중근 의사의 탄생지 해주 수양산 아래 광석동

안중근 의사 일가가 해주에서 이주한 신천 천봉산 아래 청계동

안중근 의사가 7세부터 20세까지 살았던 황해도 신천군 두라면 천봉산 아래 청계동 옛집(운보 김기창 그림)

문무 겸비한 소년 장군
안중근

일러스트 : 김지혁

안중근은 일생 동안 자기가 평생 즐겨한 일은 네 가지였다고 고백하고 있다. 첫째 친구를 사귀어 의를 맺는 일親友結義, 둘째 술 마시고 노래 부르고 춤추는 일飮酒歌舞, 셋째 총을 쏘고 사냥하는 일銃砲狩獵, 넷째 좋은 말을 타고 빨리 달리기駿馬驤馳였다.

그러나 그는 좋아하는 일에만 치중한 것이 아니라 학문에도 조예가 깊어 조부 인수 공, 부친 태훈 공, 서당 스승으로부터 『사서삼경』과 『통감通鑑』 등을 수학하였고 『조선사』, 『만국역사』 등을 학습했다.

문무를 겸비한 소년 장군의 진가는 1894년 부친 태훈 공이 신천의려군信川義旅軍을 조직했을 때 선봉장으로 출진한 데서 나타났다. 그는 동학을 빙자한 무리들을 격퇴하는 작전을 세워 이들을 물리쳐 '하늘에서 내려온 붉은 옷을 입은 장군天降紅衣將軍'이라는 명성을 얻었다.

1909년 하얼빈의거 시 총탄 3발로 이토 히로부미를 절명하게 한 사격솜씨는 소년 때부터 훈련한 사격연습의 결과였다. 즉 청계동을 위요한 천봉산 기슭에서 말을 타고 사냥을 즐겨 말 위에서 돔방총으로 달아나는 짐승들을 잡았으며, 날아가는 새들도 백발백중으로 맞히는 명사수였다. 그는 국내에 있을 때뿐만아니라 국외 망명지에서도 틈만 나면 사격연습을 하여 명사수로서의 진가를 갈고닦았다. 해외에서 안중근이 사격연습을 한 장소로는 현재까지 두 곳이 알려져 있다. 한 곳은 북간도 명동촌 부근 문암동 선바위이며, 다른 한 곳은 연해주 엔치야 지역 최재형의 집이었다. 최재형의 5녀 최 올가 페트르브나의 회고를 보면 안인철(안응칠)이라는 분이 자기 집에 기거하면서 사격연습을 하였다고 기록하고 있다.

그러므로 안중근은 넓고 깊은 학문의 소유자였을 뿐만 아니라 백발백중의 명사수로 그 명성이 천추에 빛나게 되었다.

안중근 의사 가계도*

*부친 안태훈의 직계 및 형제 (2025년 3월 기준)

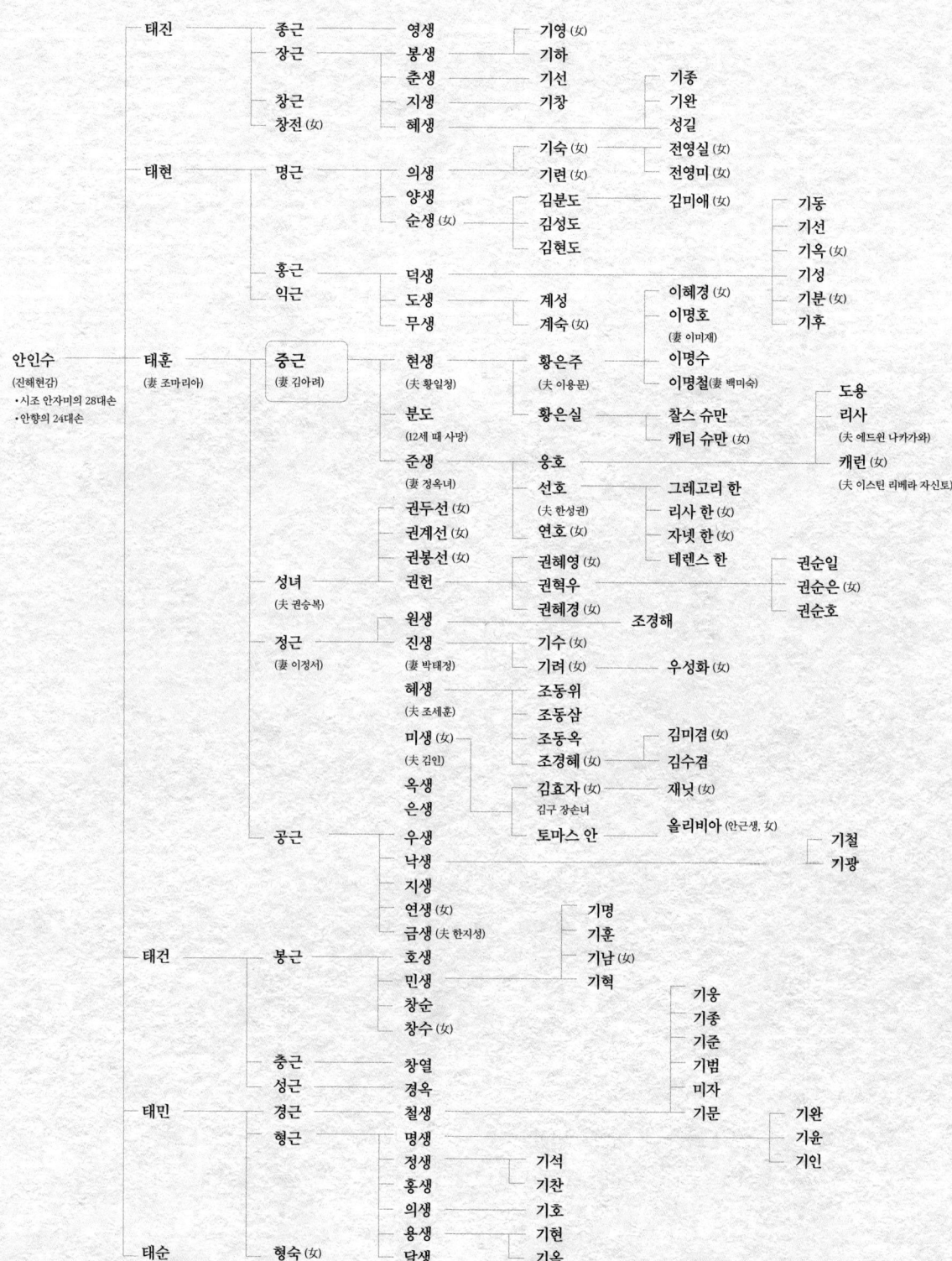

안중근 의사 부친 안태훈 진사   안중근 의사 모친 배천조씨(마리아)

안중근 의사 부인 김아려(아네스)와 장남 분도, 차남 준생. 의거 직후 하얼빈에서

안중근 의사의 조모와 부친, 형제

앞줄 왼쪽부터 경근(敬根), 조모 고씨(高氏, 안나), 부친 태훈(泰勳, 베드로), 태근(泰根, 요한),
뒷줄 왼쪽부터 태건(泰健, 가밀로), 태순(泰純, 요셉), 태민(泰敏, 바울)

안중근 의사의 할머니 고씨와 동생 정근, 공근 그리고 사촌동생(가운데)

안중근 의사의 부친 안태훈과 동생 정근, 공근으로 전해지는 사진

안중근 의사의 모친 조마리아(1862~1927)

배천조씨 진사 선(煸, 호 濟弘)의 3남2녀 중 차녀로 출생하여 진해현감을 역임한 순흥안씨 인수(仁壽)의 3남 진사 안태훈(安泰勳, 세례명 베드로)과 결혼하여 슬하에 3남1녀(장남 중근, 장녀 성녀, 차남 정근, 3남 공근)를 두었다. 장남 안중근이 독립운동에 몸 바치자 아들을 도와 적극적으로 독립운동을 지원했다. 하얼빈의거 후 연해주를 거쳐 상하이에 거주하면서 임시정부를 적극 돕다가 1927년 사망하여 상하이 만국공묘에 안장되었다.

어머니 배천조씨(마리아) 수연 기념사진. 러시아 연해주 니콜리스크(현 우수리스크) 1922
둘째 줄 왼쪽에서 네 번째가 안승근 의사 모친 조 마리아

안중근 의사 부인 김아려

안중근 의사 부인 김아려와 아들 안정근의 가족

앞줄 왼쪽부터 조동삼, 안중근 의사 부인 김아려, 조동성
뒷줄 왼쪽부터 진생, 옥생, 미생

연해주에서 상해로 옮겨 와 살던 당시의 안중근 의사 유족 1920
오른쪽부터 안중근 의사 아들 준생, 동생 정근, 정근의 장남 원생, 안중근 의사 장녀 현생,
동생 공근의 아들 우생

도산 안창호(뒷줄 왼쪽)의 안정근 댁 방문 기념사진

웨이하이웨이(威海衛)에서

임정요인들과 함께한 안공근 1935

앞줄 왼쪽부터 송병조, 이시영, 백범 김구, 이동녕, 엄기순(어린이), 조완구

뒷줄 왼쪽부터 엄항섭, 양소벽, 김붕준, 안공근, 차리석, 조성환

상해 시절의 유족 1943

왼쪽부터 자부 정옥녀, 손녀 선호, 연호, 아들 준생, 손자 웅호, 안 의사 부인 김아려 여사

안중근 의사의 자부 정옥녀와 손자 웅호 (광복 이후)

안중근 의사의 부인 김아려와 딸 내외, 정기탁 영화감독과 함께

앞줄 왼쪽부터 정기탁 모, 황은주(안현생의 딸), 김아려 여사, 뒷줄 왼쪽부터 영화배우 김일송(정기탁의 부인), 정기탁(영화감독), 중국인(영화제작자), 황일청(안현생의 남편), 안현생(안중근의 장녀)

안중근 의사의 딸 안현생·황일청(夫) 가족

황은주·황은실 자녀와 함께(평안남도 양덕온천), 1940. 8. 20.

광복 이후 (경교장에서)

위, 왼쪽부터 장우식, 김구의 자부
안미생(안정근의 차녀), 김구 선생,
김구의 비서였던 안우생(안공근의 장남)

아래, 뒷줄 왼쪽부터 미상, 임병직,
안 의사 조카 안진생, 앞줄 이승만 박사,
안 의사 조카딸 안연생

안중근 의사의 조카들
안공근 차남 안낙생과 안정근 차녀 안미생

안중근 의사 36주기 추도회에서
답사하는 안정근 장남 안원생 1946. 3. 26.

안중근 의사 36주기 추도회에 참석한 유족들
왼쪽 두 번째 안미생, 세 번째 안낙생
1946. 3. 26.

안중근 직계가족의 삶과 애환

안중근은 순흥 안씨 시조 안자미安子美로부터는 30세손이고, 고려조 명현 안향安珦의 26세손이다. 참판공파에 속했다. 황해도 해주를 근거로 10여 대가 세거하면서 주로 향반 중에서도 무반으로 가문을 이어 나갔다. 그러나 이후 조부 인수 공이 진해현감, 부친 태훈 공이 성균 진사로서 문반 신분으로의 전환을 시도하였다. 고조부 때부터 해주, 봉산, 연안 일대 많은 전답을 장만하여 황해도에서 대표적인 자산가로 알려졌다. 조부 인수 공은 슬하에 6남3녀를 두었는데 안중근의 부친은 3남이었다. 부친 태훈 공은 재주와 학문이 뛰어나서 황해도에서 신동神童이라고 불리고 소과에 급제하여 진사進士가 되었다. 모친은 한양 조씨 선膳의 3남2녀 중 차녀로 이름은 성녀(세례명 마리아)로 3남1녀를 둔바, 중근은 장남이었고, 2남 정근定根, 3남 공근恭根, 1녀는 성녀姓女였다.

16세인 1894년 안중근은 재령 향반 김홍섭金鴻燮의 여식 아려亞麗, 17세와 결혼하여 2남1녀를 두었는데, 장남 분도는 12세 때 북만주 목릉穆陵에서 사망하고, 2남 준생俊生과 장녀 현생賢生이 있었다.

부인 김아려 여사는 1909년 하얼빈에서 일제에게 신문을 받고 석방되어 블라디보스토크로 갔다가 다시 중국 북간도 목릉에 정착한다. 그곳에서 거주하다 자녀들을 데리고 상해로 가 해방을 맞이했다. 그러나 고국에 돌아오지 못하고 1946년 상해에서 작고하여 그곳 공동묘지에 묻혔다.

안준생은 1907년 진남포에서 태어나 1909년 어머니, 형 분도와 함께 하얼빈에 갔으나 이미 부친이 의거 후 체포된 뒤라 만나지 못했다. 모친이 일제의 신문을 받고 고초를 겪다가 연해주를 거쳐 중국 목릉에 정착하였으나 다시 12세 되던 해에 상해 프랑스 조계로 이주했다. 1938년 상해 지강대학을 졸업했으며, 이해 정인태鄭寅台의 장녀 옥녀玉女와 결혼, 1남2녀를 두었다. 해방 후 홍콩을 거쳐 1950년 한국에 돌아왔으나 부산에서 피난 시절 1952년 45세를 일기로 사망했다. 묘소는 부산시 초량동 뒷산에 안장되었다가 1971년 혜화동성당 포천묘원(경기 포천)으로 이장되었다. 안준생의 부인 정옥녀는 상해 호강대학 출신으로 안준생과 결혼하여 슬하에 1남2녀를 두었다. 남편이 사망한 후 미국으로 이민 갈 때 장손 웅호와 장녀 선호, 차녀 연호를 데리고 갔다.

안준생의 장남 웅호는 미국에서 UC버클리 의과대학을 졸업하고 의학박사학위를 받아 심장병 의사로 명성을 떨쳤으나 2013년에 사망했다. 장녀 선호는 한성권과 결혼하여 미국에서 살다가 2003년에 사망했으며,

안중근 의사 차남 안준생의 장례식(부산 중앙성당), 1952

왼쪽부터 미상, 권기옥(여류 비행사), 이정서(안 의사 동생 정근의 부인), 안성녀(안 의사 여동생), 정옥녀(안 의사 자부), 안준생 영정, 안웅호(안 의사 손자), 안춘생(안 의사 5촌 조카), 손원일 제독(전 해군참모총장), 서재현(해군제독), 권헌(안 의사 여동생 안성녀의 장남)

안중근 의사 여동생 안성녀의 묘

안봉생(안 의사의 당조카),
권헌(안 의사 여동생의 아들)

차녀 연호는 독신으로 미국에서 생활하다가 2011년 사망했다.

안중근 가문의 장손 웅호는 1남2녀를 둔바 장남 도용度勇, 미국명 토니 안Tony, Ahn은 미국 개인회사에 근무하고 있으며, 장녀 리사Lisa, Nakagawa는 결혼하여 1남1녀를 두었고, 차녀 캐런Karen, Ahn도 결혼하여 미국에서 생활하고 있다.

안중근의 장녀 현생은 1902년 청계동에서 태어나 8세 때 하얼빈의거가 일어나 서울 명동 천주교수녀원에서 프랑스 신부의 보호 밑에서 5년간 지내다가 13세 때 가족을 따라 제정러시아 블라디보스토크로 망명, 16세 때 상해 프랑스 조계로 이주하여 천주교 숭덕여학원 고등과를 졸업했다. 그 후 동 대학부 불문학과 및 미술과 재학 중 25세 때 황일청과 결혼하여 슬하에 장녀 은주, 차녀 은실을 두었다. 1946년 11월 환국, 서울에 거주하다가 6·25전쟁으로 대구로 피난하여 효성여대(현 대구가톨릭대학) 학생과장 겸 교수로 근무했고, 환도 후 서울자택에서 불어 개인교수를 하다 고혈압으로 쓰러져 가료 중 1960년 서울 서대문구 북아현동 산 1번지 자택에서 58세로 별세했다. 묘소는 강북구 수유동에 모셔져 있다. 은주, 은실도 2021년과 2015년에 각각 사망했으며 현재 황은주의 자녀 3남 1녀는 미국에 거주하고 있다.

안중근 의사 아들 내외인 안순생·성옥녀의 합장묘
혜화동성당 포천묘원

안중근 의사 딸 안현생의 묘
서울 강북구 수유동

안중근 의사의 손자 안웅호 방문 기념사진. 안중근의사기념관 앞에서, 1971

앞줄 왼쪽 첫 번째부터 외손녀 황은주 여사, 며느리 정옥녀 여사, 숭모회 이사장 이은상, 손자 안웅호, 당조카 광복회장 안춘생, 뒷줄 세 번째가 이문욱 안중근의사기념관장, 전태준 안중근 의사 재종손서(안기숙 남편)

안중근 의사 순국 100주년 추모 제향에 참석한 유족들. 2010

왼쪽부터 손녀 안연호, 외손녀 황은실, 증손자 안도용, 외손녀 황은주

안중근 의사 일가의 건국훈(포)장 및 국가공로훈장 서훈자

훈격	서훈자	주요 활동 및 공적	서훈 연도
대한민국장	안중근(安重根)	항일독립투쟁, 이토 히로부미 처단	1962
독립장	안명근(安明根)	데라우치(寺內) 조선총독 암살 모의	1962
	안정근(安定根)	임정 의정원 의원, 무오독립선언 서명자, 대한적십자회 부회장, 독립단체 통합운동	1987
	안공근(安恭根)	임정요원, 한인애국단원, 이봉창, 윤봉길 의거 지원	1995
	안경근(安敬根)	김구의 정치참모, 박은식, 신채호 등과 독립운동	1977
	안춘생(安椿生)	광복군 지대장, 항일투쟁(초대 독립기념관장)	1963
	최익형(崔益馨)	데라우치 조선총독 암살 모의(안명근 매제)	1977
애국장	안봉생(安鳳生)	임정의원(사형 집행 전 일제 패망으로 생환)	1990
애족장	안태순(安泰純)	대한국민노인동맹단 대표	2009
	안홍근(安洪根)	독립단 일원으로 연해주에서 활동	2010
	안원생(安原生)	임정요원, 광복군, 애국단원으로 활동	1990
	안낙생(安樂生)	임정요원, 애국단원으로 활동	1995
	조(趙) 마리아	국채보상운동, 상해경제후원회 활동(안중근 의사 모친)	2008
	조순옥(趙順玉)	광복군 양성 지원(안춘생 부인)	1990
	오항선(吳恒善)	만주에서 독립군 자원 활동	1990
홍인장	안진생(安珍生)	대한민국 외교관으로 국위선양	1976
건국포장	안미생(安美生)	임시정부, 한국독립당 활동(안정근의 차녀)	2022

2.
애국계몽운동 전개

옛글에 일렀으되 하늘은 스스로 돕는 자를
돕는다 했으니 너는 속히 본국으로 돌아가서
먼저 네가 할 일을 하도록 해라
첫째는 교육의 발달이요
둘째는 사회의 확장이요
셋째는 민심의 단합이요
넷째는 실력의 양성이니
이 네 가지를 확실히 성취시키기만 하면 2천만의
정신(마음)의 힘이 반석과 같이 든든해져서 비록
천만 문의 대포를 가지고서도 능히 공격하여
깨뜨릴 수가 없을 것이다.

- 안중근, 『안응칠 역사』에서

안중근 의사 초상화

진남포 시가지

진남포

안 의사는 이곳에 돈의학교(敦義學校)와 삼흥학교(三興學校)를 운영하며 구국인재를 양성했다.

교육구국운동에 앞장선
안중근

1905년 을사보호조약이 늑결되자 안중근은 항일독립 운동의 기지를 마련하기 위하여 중국 산동반도, 상해를 방문했으나 여의치 않았다. 그러던 차 상해 성당에서 르 각(곽원량) 신부를 만나 나라 살릴 길을 의논하니 곽 신부는 안중근에게 첫째 교육의 발달, 둘째 사회의 확장, 셋째 민심의 단합, 넷째 실력의 양성 등의 방략을 역설했다.

국내로 돌아온 안중근은 청계동 가산을 정리하고 평안도 삼화항-현재 진남포에 정착, 이곳에서 천주교 본당이 운영하던 돈의학교敎義學校를 인수하고 뒤이어 삼흥士興·民興·國興학교를 세워 인재양성에 앞장섰다.

1907년 황해도, 평안남북도 3개도 50여 학교의 학생 5,000여 명이 참가한 연합운동회에서 안 의사가 운영하던 학교가 우승을 차지했다. 이는 두 학교가 민족정신이 투철한 인재양성을 위해 민속교육을 철저히 실시한 결과였다.

교육에 대한 열정이 뜨거웠던 안 의사는 그 이전부터 한국에서 민족의식이 투철한 민족지도자를 길러내려면 대학 설립이 최우선 과제라 생각하고 조선교구장 뮈텔 주교에게 대학 설립을 요청했으나 받아들여지지 않았다. 그날부터 안중근은 프랑스어 학습을 끊고 종교는 믿되 서양인은 믿을 수 없다는 부정적인 인식을 갖게 되었다.

獨立之日開領爲限明年春三月寧家眷離淸溪洞移居鎭南浦建築洋屋一座安業後傾家産設立學校二處一曰三興學校一曰敦義學校也擔任校務敎育靑年英俊矣 其翌年春

『안응칠 역사』중 삼흥학교와 돈의학교를 기술한 부분

다음 해(1906) 봄 3월에 가족들을 데리고 청계동을 떠나 진남포에 이사하였다. 양옥 한 채를 지어 살림을 안정시킨 후 집 재산을 기부해 두 곳에 학교를 세우니 하나는 삼흥학교요, 또 하나는 돈의학교로서 교무를 맡아 재주가 뛰어난 청년들을 교육하였다.

평안보

○학교셜시 즁남포셩당안회학교물창셜 호고 조녀를 교육 호매 열심 여각 교우 가열 마식보조호야 신학문을 가르치는 디 학도가 오십여명이오 또방판 오일환씨는 본시셔울 사람으로 즁남포 희관에서 사무를 보고 의열심이 지극 호야 남야 학교를 셩당안회 호고 주긔집에 역남풍우를 불 교의 우 안즁근씨는 학교부비를 당 호 디라 고 그로 영어학도가 근 스 십 명 인 호 희를 장 스 호 놈 이 여

○賣土寄校 三和港萬居安重 根氏三兄弟가 私立三興學校를 設立 後經費를 自辦호지 有年에 今年 旱災로 經費를 收合호기 難容其 斗屋中五六拾名生徒가 天日이 無호 膝이라 安氏가 勤勉學徒日 吾徒 結跗無給터니 何幸安氏之擧男 이라 安氏則將有大廈호며 감격通泣을 不勝이라 하야 撑搖痛泣을 幸感則將有大廈호야 必有吾徒 活說之日이라 하야 撑搖痛泣을 世井無不給이러라

○貢土設校 ... 야 田土를 斥賣호야 硏 究호기로 議定호디 田土를 斥賣호야 國貨五十圓을 辦出호고 門內諸比 가極力出捐호며 郵便寄縛外丁 도力出捐호며 郵便寄縛外丁 리乙成파乞人까지 殘근이가 有所 感激호야 幾十錢式 出捐호야 合 所 七拾元을 本社에 付送호얏머라

●貢土役 .. 根氏三兄弟가 私立三興學校를 設 立後 經費를 自辦호지 有年에 今年 旱災로 經費를 收合호기 難容其 斗屋中五六拾名生徒가 天日이 無호 膝이라 安氏가 勤勉學徒日 吾徒 結跗無給터니 何幸安氏之擧男 이라 安氏則將有大廈호며 幸感則將有大廈호야 必有吾徒 活說之日이라 하야 撑搖痛泣을 世井無不給이러라 結寡居金能孔氏가 閱歷之情 을 無호고 不勝感慨之心호야 所 有田興를 一倂放賣호야 菜一萬 五千兩으로 買得三十餘間瓦家 一座하야 義附三興호얏다더라

友會調認 同友會에서 就監 ... 有 와 理事團記許를 承准호後 左內 村리 尹氏 炳ㆍ

삼흥학교 관련 신문기사

진남포 돈의학교 터에 세운 안중근 의사 기념비   남포시 남포공원에 있는 안중근 의사 기념비

국채보상운동

왼쪽부터 국채보상운동을 발의한 서상돈과 『대한매일신보』를 통해 국채보상운동을 적극적으로 확대시킨 양기탁, 김광제

평양의 옛 시가지

안중근 의사가 국채보상운동에 앞장섰던 평양의 상가

안 의사는 국채보상운동이 일어나자 부인과 제수들에게 권고하여 시집올 때 가지고 온 반지 등 패물까지
의연(義捐)으로 바치게 하고 평양 명륜당에 뜻있는 선비 1천여 명을 모아 국채보상운동에 나설 것을 권고하였다.

3.
천주교 전교활동

원컨대 우리 대한의 모든 동포와 형제자매들이여,
크게 깨닫고 용기를 내어 지난날의 죄와 허물을
깊이 참회하여 천주님의 아들로서 현세를 도
덕시대로 바로잡고 더불어 태평을 누리면서
죽어서는 천당에 가서 상을 받아 다 같이 무궁한
명복을 누리기를 천만 바라는 바입니다.

- 안중근, 『안응칠 역사』에서

진고개에서 바라본 종현(명동)성당

명동성당 낙성식, 1898
명동성당 준공 기념으로 선교사·신부·신도 등이 성당 앞에서 기념사진을 촬영했다.

뮈텔 주교(Mutel, 한국명 閔德孝)
1890년부터 1933년까지 조선교구장으로 재임, 한국천주교회를 이끌었다.

청계동 천주교 본당
1897년 빌렘 신부에 의해 건립

영원한 평화의 사도, 안중근

1894년 황해도 동학군의 소요 시 이들을 토벌하고 노획한 군량미 문제로 탁부대신 어윤중, 전 선혜청 당상 민영준으로부터 상환 압력을 받아 곤궁에 빠진 부친 안태훈 진사는 명동성당으로 피신, 프랑스 신부들의 도움을 받아 몇 개월 동안 머물렀다. 이 기간 부친은 성서를 탐독하고 신부들의 강론을 들으면서 천주교 신자가 되기로 결심하고 신앙에 정진하였다.

1896년 군량미 문제가 해결되자 안태훈은 교리사 이종래(바오로)를 대동하고 『교리문답』과 『12단』 등 120여 권의 교리서를 가지고 청계동으로 귀향했다. 안태훈의 선교활동에 힘입어 청계동을 비롯한 7개 마을에서 신앙운동이 크게 일어났다. 이에 안진사는 매화동 본당의 빌렘 신부에게 공소 설치를 청원하고 빌렘 신부로부터 본인을 비롯한 가족과 청계동 주민 33인이 세례를 받았다. 부친 안태훈은 세례명 베드로를 받고, 모친은 마리아, 안중근은 도마^{Thomas}, 부인은 아네스라는 세례명을 받았다(1897년).

이때 안중근의 나이는 19세로 천주교신자로서 가장 신앙심이 두텁고 모든 일의 중심을 천주교에 두고 열심히 교리를 배우고 성당의 복자로서 신부를 도와주면서 전도활동에도 적극적이었다.

안중근의 자필 『안응칠 역사』에서 가장 많은 부분을 차지하고 있는 것이 천주교에 대한 내용이다. 하느님은 전지·전능·전선·지공지의해서 세상을 심판하고 영혼이 상벌을 받는바, 상은 천당의 영원한 복이고 벌은 지옥의 영원한 고통이라 하면서 다음과 같이 설명하였다.

"사람의 목숨은 오래 살아야 백 년을 넘기지 못하는 것이 운명입니다. 지혜로운 사람이나 어리석은 사람이나 귀하고 천한 사람을 가릴 것 없이 사람이란 누구나 알몸으로 이 세상에 태어났다가 알몸으로 저세상으로 돌아가는 것입니다. '빈손으로 왔다가 빈손으로 돌아간다'는 바로 그 말입니다. (…) 만일 사람들이 하느님의 천당과 지옥을 보지 못했다 하여 천당과 지옥이 있다는 것을 믿지 않는다 하면, 이는 마치 그 사랑하는 아들(유복자)이 그 아버지를 보지 못했다 하여 아버지가 존재한다는 것을 믿으려 하지 않고, 소경이 하늘을 보지 못한다고 해서 하늘에 해가 존재한다는 것을 믿으려 하지 않는 것과 무엇이 다르겠습니까? (…) 지금 세계 문명국의 박학다식한 지성인으로서 예수 그리스도를 믿지 않는 사람이 없습니다. 그렇지만 지금 세상에는 옳지 않게 전하는 무리 또한 대단히 많은데 이는 예수께서 미리 제자들에게 예언하신 것으로 '후세에 반드시 위선자들이 있어 내 이름으로 민중을 현혹시킬 것이니 너희들은 삼가 그러한 잘못에 빠져들지 말라, 하늘나라로 들어가는 문은 그리스도교뿐이다'라고 하였습니다."

도마 안중근은 짧은 일생을 살았지만 예수 그리스도의 품 안에서 대한의 독립과 동양평화를 위하여 살신성인한 참가톨릭 신앙인이었다.

빌렘 신부와 안중근 의사의 동생 정근, 공근

빌렘 신부는 이 사진 뒷면에 "1910년 3월 9일과 10일 뤼순감옥에서 의거 후 처음으로 안 도마를 만났다. 그는 보름 후인 1910년 3월 26일 형이 집행되었다"라고 기록하고 소중히 간직했다.

빌렘 신부와 안중근 의사 사촌동생 안봉근

빌렘(Wilhelm, 한국명 홍석구) 신부

해주 천주교 본당

빌렘 신부는 청계동 본당 신부에 이어 1912년부터 1914년까지 해주 본당 신부로 재임하며 안 의사 일가와 친밀하게 지냈다.

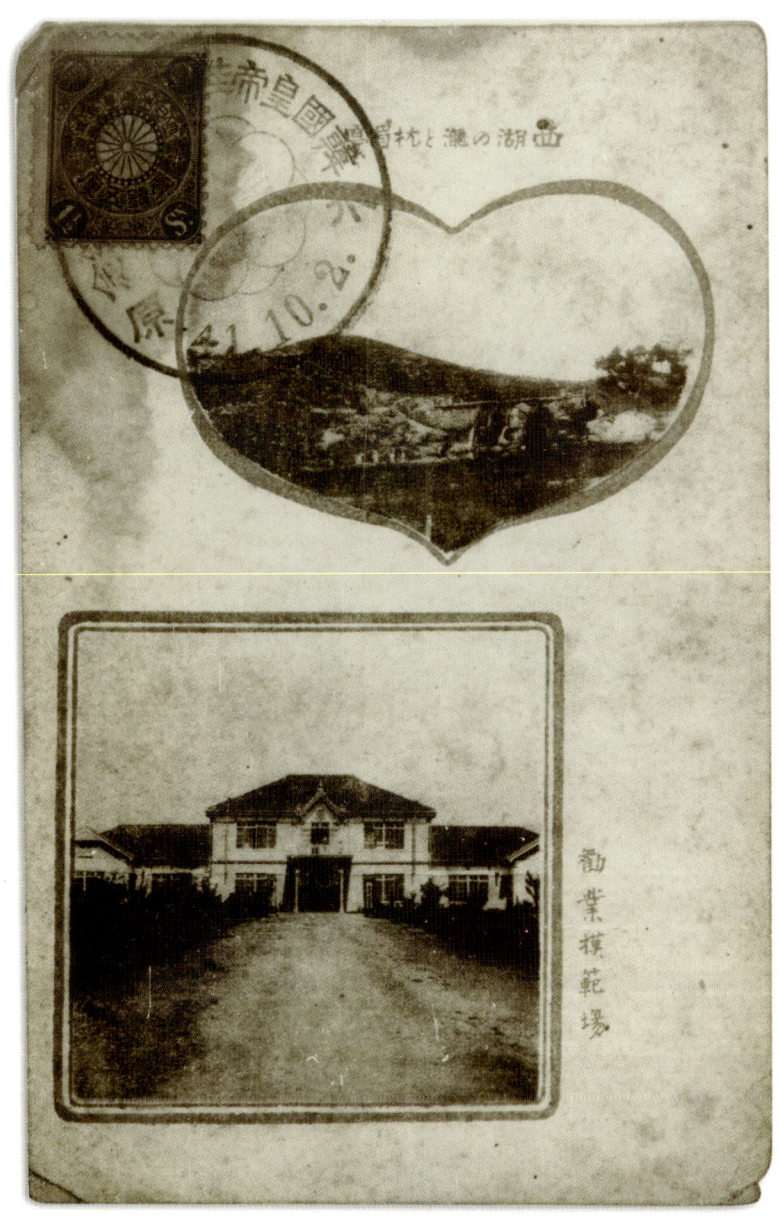

西湖の瀧と枕首　大日本帝国

勧業模範場

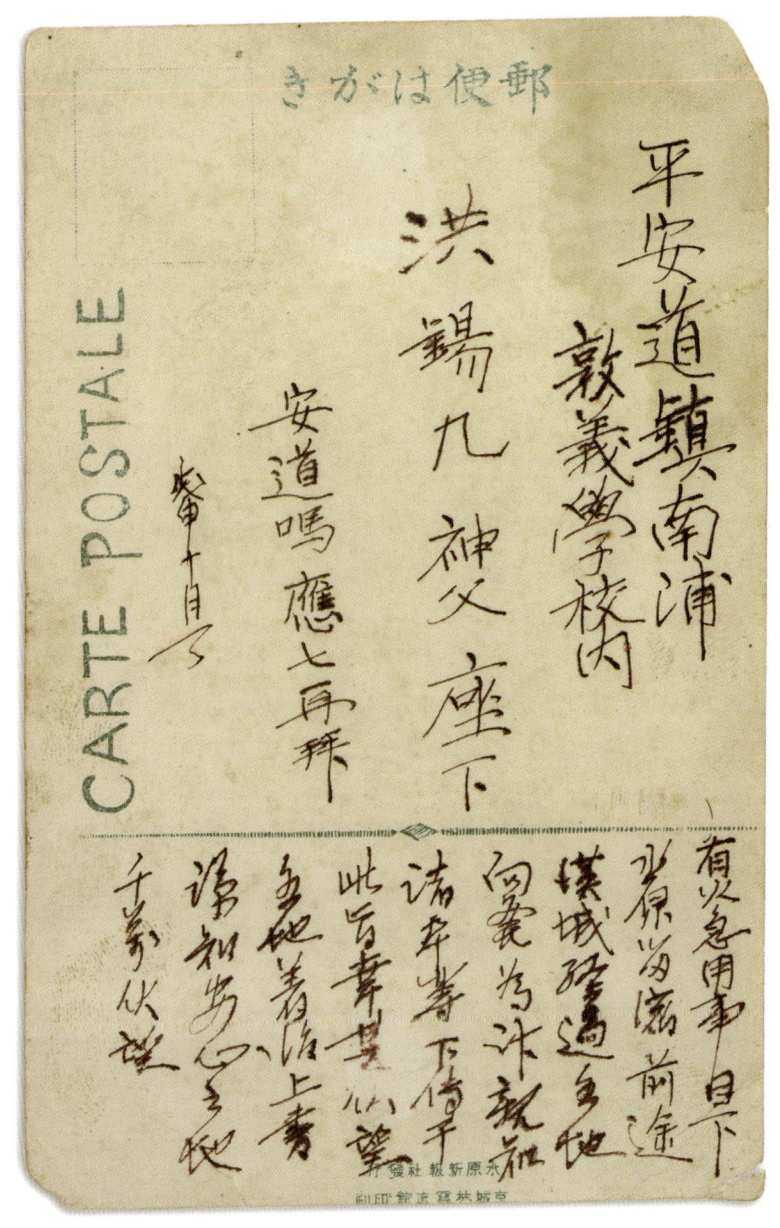

안중근 의사가 빌렘 신부에게 보낸 엽서

평안남도 진남포 돈의학교내 홍석구 신부 좌하 안도마 응칠 재배 무신(1908) 10월 1일
화급한 일입니다. 목하 수원에 머물고 있으며 앞으로 서울로 나가려고 계획하고 있습니다.
친지제솔 등에게 이 뜻을 전해 주시기 바랍니다. 일이 있으면 글을 올리겠습니다.
안심하시기를 천만복망합니다. (한국교회사연구소 기증, 안중근의사숭모회 소장)

주일미사를 마친 청계동 본당 교우

공소를 방문하여 교리강론 중인 빌렘 신부

청계동 학생들과 교우들

재령 본당 재직 당시 르 각(Le Gac, 한국명 郭元良) 신부

안 의사는 을사오조약 이후 상해에서 재령 본당 주임으로 있던 르 각 신부를 만나 그로부터 교육발달을 비롯한 네 가지 구국방략을 듣고 귀국하여 진남포에서 교육구국운동을 전개하였다.

원산 본당의 브레(M. Bret) 신부

안 의사는 1907년 군대해산 후 부산을 거쳐 원산에서 브레 신부를 방문, 시국문제를 논의하고 회령을 거쳐 북간도로 망명했다.

홍콩에서 거행된 안중근 의사 순국 37주년 추도미사. 1947

노르베르트 베버 신부의 한국 여행기
『고요한 아침의 나라』

독일 성 베네딕도회 오틸리엔 연합회 총아빠스(대수도원장)인 베버 신부가 1911년 당시 한국 각지를 여행하고 저술한 여행기로서, 1914년 독일 뮌헨에서 초판이 나왔고, 1915년에 곧바로 재판이 간행되었다.

모두 19장으로 구성된 내용 중 제15장의 '당산나무 아래에서, 청계동의 역사'에서 베버 신부는 1911년 황해도 신천군 두라면 청계동을 직접 방문하고 그곳의 풍물과 안중근 의사 유족의 상황, 청계동의 천주교 관계 등을 사실적으로 묘사하고, 귀중한 사진과 삽화를 남겨 안중근 집안과 천주교에 대한 이해를 깊게 하였다.

청계동의 풍광, 성당의 모습, 안중근 가족, 특히 부친 안태훈의 위엄, 안씨 집안의 자산, 1894년 동학란 진압, 해주 교안, 안중근 가문과 빌렘(홍석구) 신부와의 알력, 안중근 의거, 안중근 가족의 러시아 망명 등을 상세히 기술하고 있다.

노르베르트 베버(Norbert Weber, 1870-1956) 신부
베버 신부는 안 의사 순국 직후 청계동을 비롯한 황해도 일대의 천주교 관련 지역을 답사하고 안 의사 일가의 신앙과 관련 사진을 그의 저서 『고요한 아침의 나라』에 수록했다.

『고요한 아침의 나라』
제15장 당산나무 아래에서, 청계동의 역사

노르베르트 베버

5월 15일

밝고 청명한 봄날 아침이 티롤 지방의 조그만 마을처럼 분지에서 졸고 있는 청계동 마을을 깨운다. 조그만 언덕 위의 전도 성당이 마을을 완전히 지배한다. 집들은 언덕 아래쪽에 반원을 그리는 구역에 옹기종기 모여 있다. 두 경쾌한 산골 실개천이 성당의 언덕을 품어 안고 조금 아래로 흘러간다. 성당 뒤쪽 지대는 조금 낮았다가 다시 점차로 높아진다. 그리고 나서 길게 뻗은 산등성이에 난 바위틈으로 사라진다. 산등성 위에도 불같은 둥근 태양이 나타나서 아침노을의 황금빛을 골짜기와 실개천에 붓는다. 짙푸른 잠옷을 입은 산등성은 아직 태양 아래서 잠자고 있다. 그러나 서풍이 밝은 색 가운을 입은 즐거운 아이처럼 빛나는 태양을 향해 웃음 짓는다. 햇빛으로 밝은 한 언덕은 먼 골짜기로 들어갔다. 그리고 둥근 공을 향해 우뚝 섰다가 가파르게 떨어진다. 둥근 공은 튼실한 초소로서 골짜기를 살펴본다. 예전 위험한 시기에는 초소에 파수꾼도 있었다. 오랜 소나무 그늘 속에 조그만 파수꾼의 초소가 있었다. 지금은 사라졌지만 예전에 무기가 번쩍이던 곳에는, 지금 구릿빛으로 빛나는 오랜 소나무 둥지가 진한 녹색의 나무 사이로 번쩍였다. 십자가를 단 조그만 성당이 있는 언덕에 줄곧 마음이 쓰였다.

이 조그만 교회는 재미있게 지었다. 환등이 부착되어 건물 전체를 돋보이게 하는 팔각형 천장이 있다. 그리고 그 아래에 제단이 있다. 빌렘이 성당 뒤의 정원을 가꾸었다. 기껏해야 이지러진 소나무가 어렵사리 연명한다고 생각했던 곳은 지금 무성한 채소밭과 풍성한 과수원으로 확장되었다.

- 중략 -

청계동에서 천주교가 다시 살아난 데에는 안씨 가정이 앞서 있었다. 특히 당시 이 집의 가장이었던 안 베드로(안태훈)가 그러했다. 그의 영향과 위엄이 마을사람 모두를 천주교로 인도했다. 본디 안 베드로의 동기는

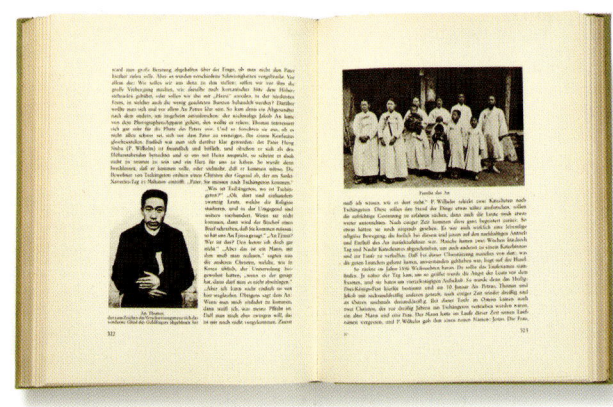

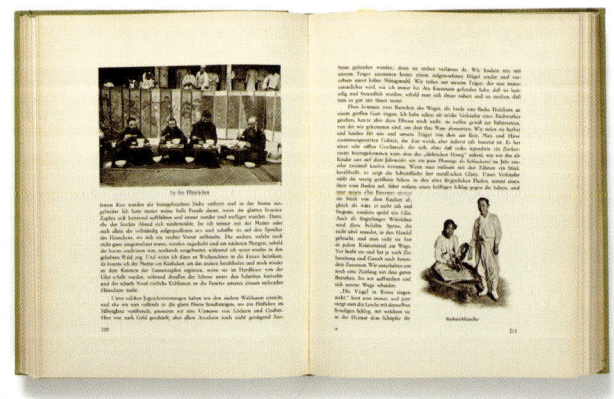

『고요한 아침의 나라』 재판 표지와 본문

청계동 안중근 의사 본가 앞의 정자

반드시 그런 건 아니지만 대개 스스로의 필요에 의해서였다. 즉 명예와 지배욕 때문이었다.

1866년 천주교 박해가 일어날 때만 해도 이 가족은 비신자들로서 해주시에 살았으며, 거기서 가장 부유한 축에 끼었다. 그들은 모두 함께 살았다. 아버지와 어머니 그리고 여섯 형제와 그들의 아내와 아이들을 합치면 모두 36명이었다. 수확은 매년 쌀이 대략 사백 가마로 그것은 한국사람으로서는 엄청난 부(富)였다. 그 밖에 그들은 청어잡이를 했다. 그들은 매년 청어 이백만 내지 육백만 마리를 바다에 세운 어살로 잡았다. 그러나 청어잡이가 사양길에 접어들었다. 청어 값이 너무 떨어지게 되었다. 이 집안은 예의와 위엄을 더 이상 지킬 수 없게 되었다. 자존심이 그들을 떠나게 했다. 그들은 이주했다. 청계동으로 갔다.

안 베드로는 국가의 진사시험에 합격한 선비로서 막강한 영향력을 행사할 수 있었다. 그는 서울의 대신들과 지면이 있었고, 선비들과 교류했다. 그의 이름은 온 마을에서 존경받았다. 그가 뜻하는 것이면 모두 인정받았다.

1894년 청일전쟁 때 한국에서는 동학란이 일어났다. 동학란은 집권왕조를 전복하는 일을 하고 있었다. 안 베드로는 왕가에 충성했다. 그는 대략 백이십 명의 사수들을 모았다. 주변의 사냥꾼들로 호랑이를 사냥하는 용기백배한 사수들이었다. 안 베드로는 그들의 최고사령관이었다. 그들은 그에게 절대 복종했다. 그는 절대권력을 가진 사령관으로서 동학도를 진압하는 명령을 내렸다.

이전 불안한 시기에 그는 실세 고관들께 전권을 받았다. 그가 보통 엄격하게 훈련시켰던 부대원들의 식량을 공급하기 위해서 자위권을 행사했던 것은 물론이다. 많은 탐험대가 그가 동학에 대항해 만들었던 부대의 공격을 받았다. 동학도들은 안 진사의 의용대를 두려워했다.

- 중략 -

주일미사를 마치고 청계동 성당 앞에서
기념촬영을 한 신도들

　일본과 러시아 사이의 무서운 돌격의 영향이라고 할 불안한 큰 파도는 시끄럽지만 점차로 지나갔다. 청계동에서는 모든 게 다시금 조용해졌다. 그때 번개빛처럼 러시아의 군항 하얼빈의 맑은 하늘에서 이토 후작이 살해되었다는 소식이 내려왔다. 살해자는 안 도마였다. 그는 소년 시절 이미 불굴의 용기를 보였다. 그가 지금 이 살해를 통하여 단지 증명하려고 했던 건 고향을 위해 죽을 준비가 된 한 한국인이 있다는 사실이었다. 그는 자랑스러운 안씨 가문의 자랑스러운 후예였다. 그의 가족 중에서도 아무도 그의 계획을 알지 못했다. 이미 두 해 전 그는 청계동을 떠났다. 가슴에는 고향에 대한 사랑과 외국인 정복자에 대한 증오로 가득 차 있었다. 다른 사람들의 무관심과 타락한 양반들의 무기력이 그의 넘쳐나는 명예욕을 이런 행동으로 이끌었다. 그의 양심으로는 책임질 수 없는 행위였다. 후회했다. 그러나 "대한만세! 한국이여 만수무강하라!"라는 말과 함께 그는 죽었다. 그의 살인에 대한 벌이었다.

　안씨들의 원조인 베드로가 물려준 안씨 가문의 자랑스러운 의식을 부수는 데는 시간이 많이 걸렸다. 바로 지금 서울의 감옥에 다시금 이 집안의 한 사람이 복역 중이다. 그는 바로 안 야고보(안명근)이다. 그는 총독 데라우치 백작의 생명을 노린 비밀결사에 연루되었다. 감옥에서도 그는 바로 안씨 집안사람들이 그렇듯이 전혀 굴복하지 않는 성격을 보였다. 일본인들이 그가 고백하도록 갖은 방법을 다 사용했지만 그의 입은 무덤처럼 말이 없었다. 그는 공범자들을 하나도 밝히지 않았다. 유감스럽게도 그는 그의 가족인 아내와 명랑한 두 아들과 함께 불행을 맞았다. 다른 사람들은 한국에서 일본인들 앞에 남아 있을 수 없었다. 그리하여 그들은 러시아로 이주했다. 블라디보스토크에는 수많은 한국의 피난민들이 있었다. 일본인에 대한 증오와 일본이이 가한 무서운 복수가 그들로 하여금 국경을 넘게 했다. 그들은 자신들이 싸워야 할 일에 목숨을 걸 용기도 없었고, 또는 그럴 마음도 갖지 않았었다. 그들은 돈을 주고 무기를 구입했다. 그리고 버려진 고향에서 분노에 불을 지폈다. 안 야고보의 불쌍한 자식들이 이런 반도들의 손아귀에 들어가서 도구로 사용되었는지 모를 일이다.

— 번역 안인길 (전 중앙대 교수)

청계동 전경. 빌렘 신부가 학생들을 바라보며 서 있다.

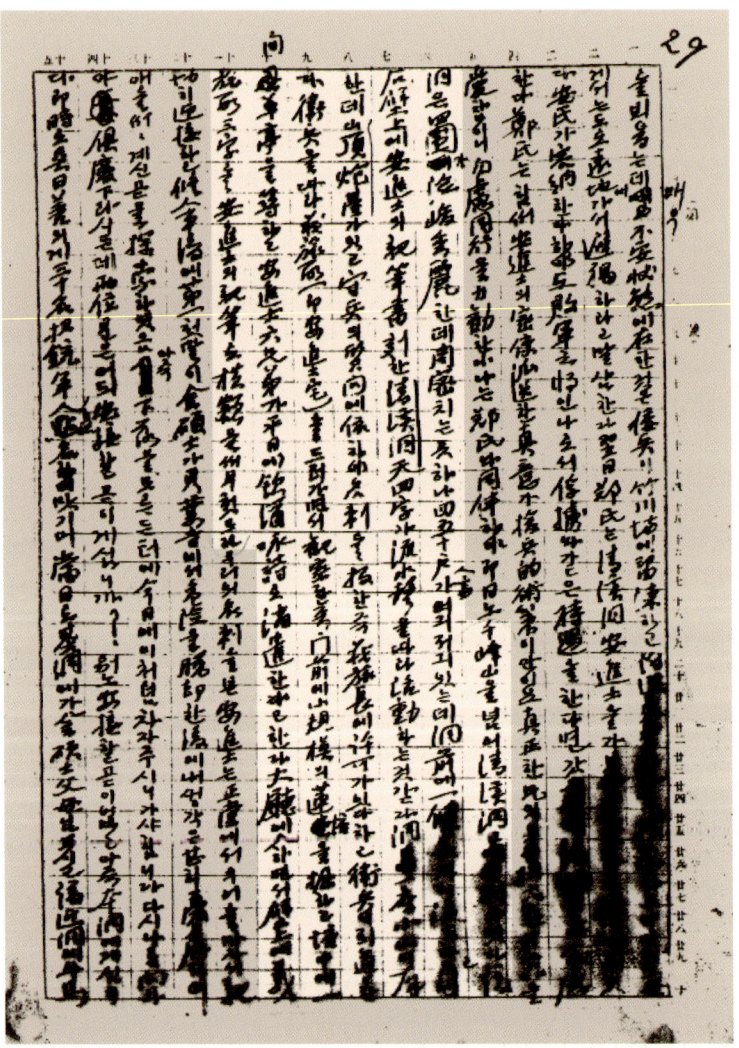

김구의 『백범일지』 중 청계동 기술 부분

나는 곧 천봉산(千峯山)을 넘어 청계동에 다다랐다. 청계동은 사면이 험준하고 수려한 봉우리로 에워 있고 동내에는 띄엄띄엄 사오십 호의 인가가 있으며, 동구 앞으로 한 줄기 개울이 흐르고 그곳 바위 위에는 '청계동천(淸溪洞天)'이라는 안진사의 자필 각자가 있었다. 동구를 막는 듯이 작은 봉우리 하나가 있는데 그 위에는 포대가 있고 길 어귀에 파수병이 있어서 우리를 보고 누구냐고 물었다. 명함을 주고 얼마 있노라니 의려장(義旅長)의 허가가 있다 하여 한 군사가 우리를 안내하여 의려소인 안진사댁으로 갔다. 문전에는 연꽃연못이 있고 그 가운데는 작은 정자가 있는데 이것은 안진사 육형제가 평일에 술을 마시고 시를 읊는 곳이라고 한다. 대청 벽상에는 '의려소(義旅所)' 석 자를 횡액으로 써서 붙였다.

4.
항일무장투쟁

오늘부터 의병을 계속 일으켜 큰 기회를 놓치지 않으면서
스스로의 힘을 길러 스스로 국권을 되찾고

독립을 굳건히 해야 할 것입니다.

이것이 소위 모든 일은 할 수 없다고 생각하는 것은
쓰러질 근본이 되고

능히 할 수 있다고 생각하는 것은
흥할 근본이 되는 것입니다.

그런 까닭으로 하늘은 스스로 돕는 자를
돕는다고 하지 않았습니까.

이대로 앉아서 죽음을 기다리는 것이 옳습니까.
분발하고 힘을 내는 것이 옳습니까.

청컨대 결심하고 각성하고 깊이 생각하여
용기 있게 전진하시기를 바랍니다.

- 안중근, 『안응칠 역사』에서

고종황제

1907년 6월, 네덜란드 헤이그에서 개최된 만국평화회의에 밀사를 파견해 일본의 강요로 맺은 을사조약이 무효라는 사실을 알리려 했다가 통감 이토 히로부미에게 강제로 퇴위당했다.

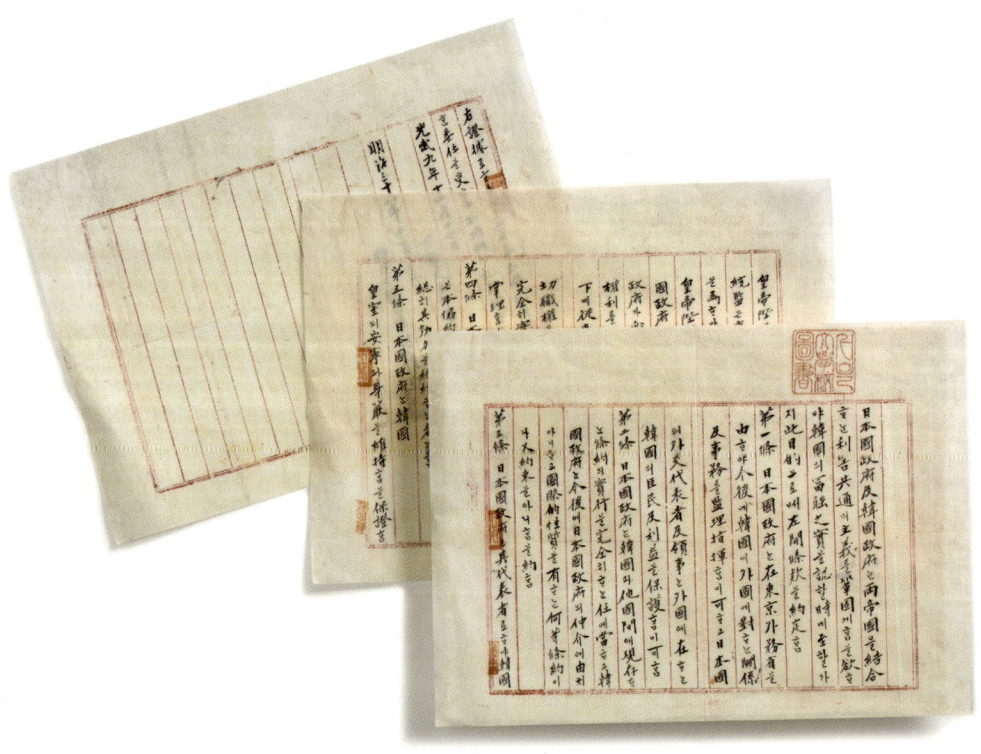

제목도 없고 인준서도 붙이지 않은 '을사오조약' 문서

『황성신문』 주필 장지연의 논설 『시일야방성대곡』

조약 체결 자축연

이토 히로부미(伊藤博文)와 하세가와 요시미치(長谷川好道)가 을사조약을 강제로 체결하고 남산 일본군 사령부에서 자축연을 벌이는 장면

이토 히로부미 한국 통감과 이완용 친일 내각

남산 기슭에 있던 통감부 전경. 1908

군대해산 당시 안중근 의사와 함께 부상병을 구출 치료하도록 노력했던 애국지사

안창호는 하얼빈의거 후 배후인물로 지목되어 일본군 용산헌병대사령부에 붙잡혀 모진 신문을 받고 풀려나 국외로 망명, 독립운동에 투신하였다. 또한 김필순도 중국으로 망명하여 서간도 지역 개척에 참여하였고, 몽고 치치하얼에서 의료업에 종사하면서 독립운동을 후원하였다.

도산 안창호(安昌浩, 1878-1938)　　김필순(金弼淳, 1880-1922)

군대해산 후 군인들이 시가전을 벌였던 남대문과 제중원 일대

안중근 의사가
블라디보스토크로 출발했던
부산 초량

안중근 의사가 회령을
거쳐 두만강을 넘어
도착한 용정 시내

안중근 의사가 활동하던 무렵의
블라디보스토크 항구

북간도로 망명한 안중근 의사가 방문한 용정 명동촌 일대

안중근 의사가 사격훈련을 했다고 전해지는 용정 문암골

안중근 의사가 북간도에서 연해주로 이동하여
도착한 엔치야(煙秋, 현 크라스키노)

안중근 의사가 100여 명의 의병을 거느리고 국내 진공작전을 벌였던 한·중·러 국경지대 지도

북간도 용정에 설치한 일제의 통감부파출소
안 의사가 1907년 8월 북간도에 당도할 무렵 일제는 통감부 파출소를 설치, 만주 경영을 시작하였다.

두만강변의 요충지 회령

안 의사는 1908년 7월 국내 진공작전 시 회령 인근 영산에서 일본군과 전투를 벌였으나 패퇴, 12일 동안 단 두 끼를 먹으며 두만강을 건너 다시 엔치야로 생환하였다.

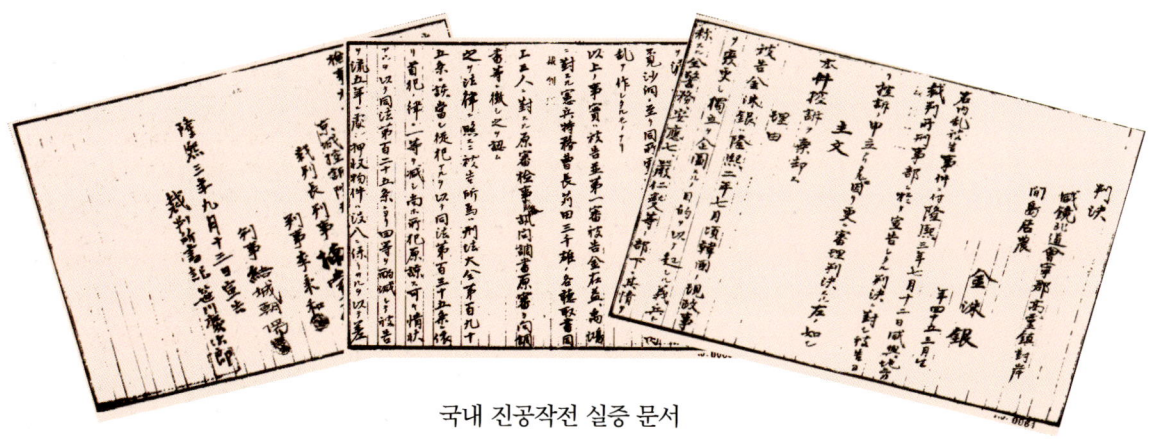

국내 진공작전 실증 문서

안 의사가 지휘한 국내 진공작전에 참여한 김수은(金洙銀) 의병에 대한
일제 판결문. 안중근 의병장의 국내 진공작전을 실증하는 문서이다.

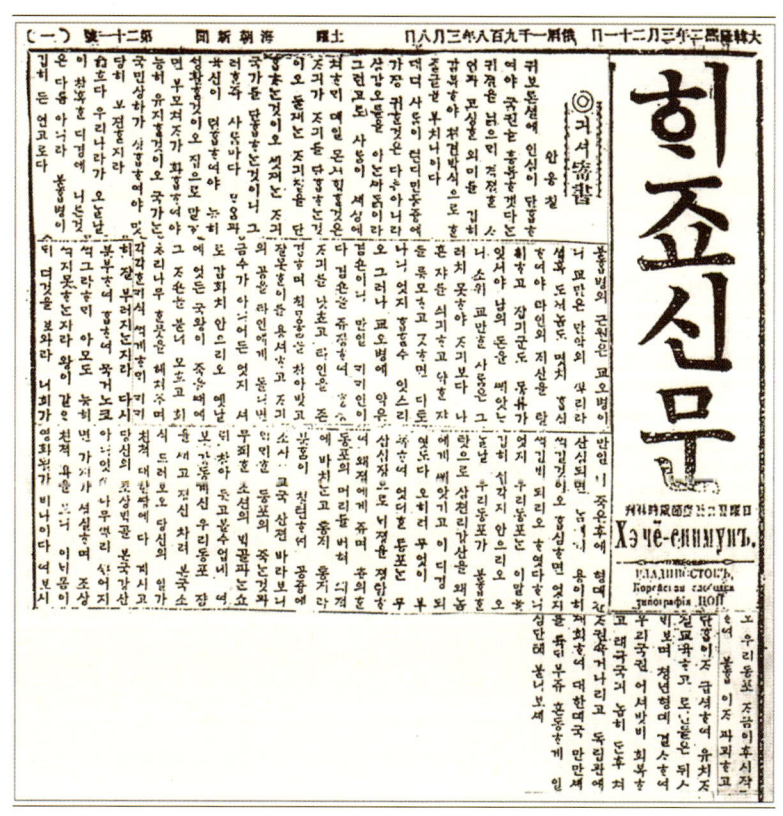

안중근 의사의 『인심단합론』, 『해조신문』 제21호, 1908년 3월 21일자

5.
단지동맹

그 다음 해(1909년) 정월 엔치야 방면으로 돌아와
동지 12명과 상의하여 이르기를
"우리가 이제까지 일을 이룩한 것이 없으니
남의 비웃음을 면할 길이 없소. 생각건대 특별한 단체가 없다면
무슨 일이든 목적을 이루기가 어려울 것이오.
오늘 우리들은 손가락을 끊어 맹세를 같이하여
표적을 남긴 다음에 마음과 몸을 하나로 뭉쳐
나라를 위해 몸을 바쳐 목적을 달성하도록 하는 것이 어떠하오"라고
하였더니 모두가 좋다고 따랐다.
이에 열두 사람은 제가끔 왼손 무명지를 끊고 그 피로써
태극기의 앞면에 네 글자를 크게 쓰기를 '대한독립'이라 하고는,
다 쓴 다음에 '대한독립만세'를 일제히 세 번 불러
하늘과 땅에 맹세하고 흩어졌다.

- 안중근, 『안응칠 역사』에서

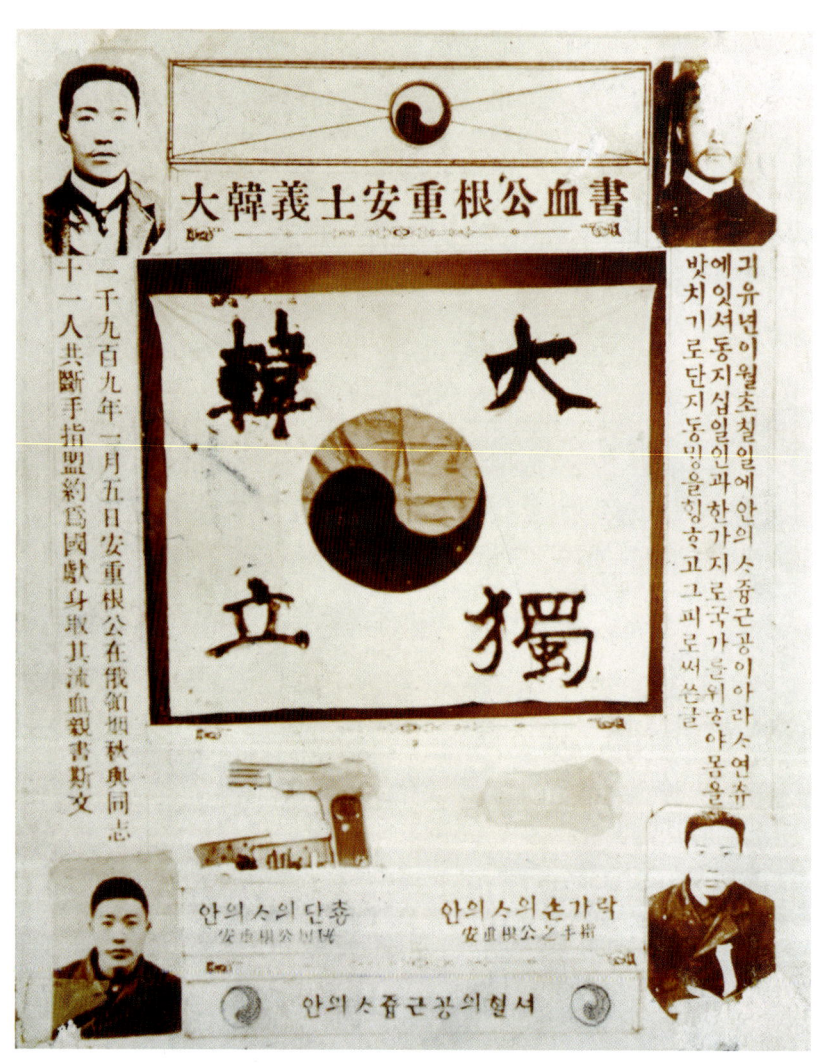

안중근 의사의 단지혈서 엽서

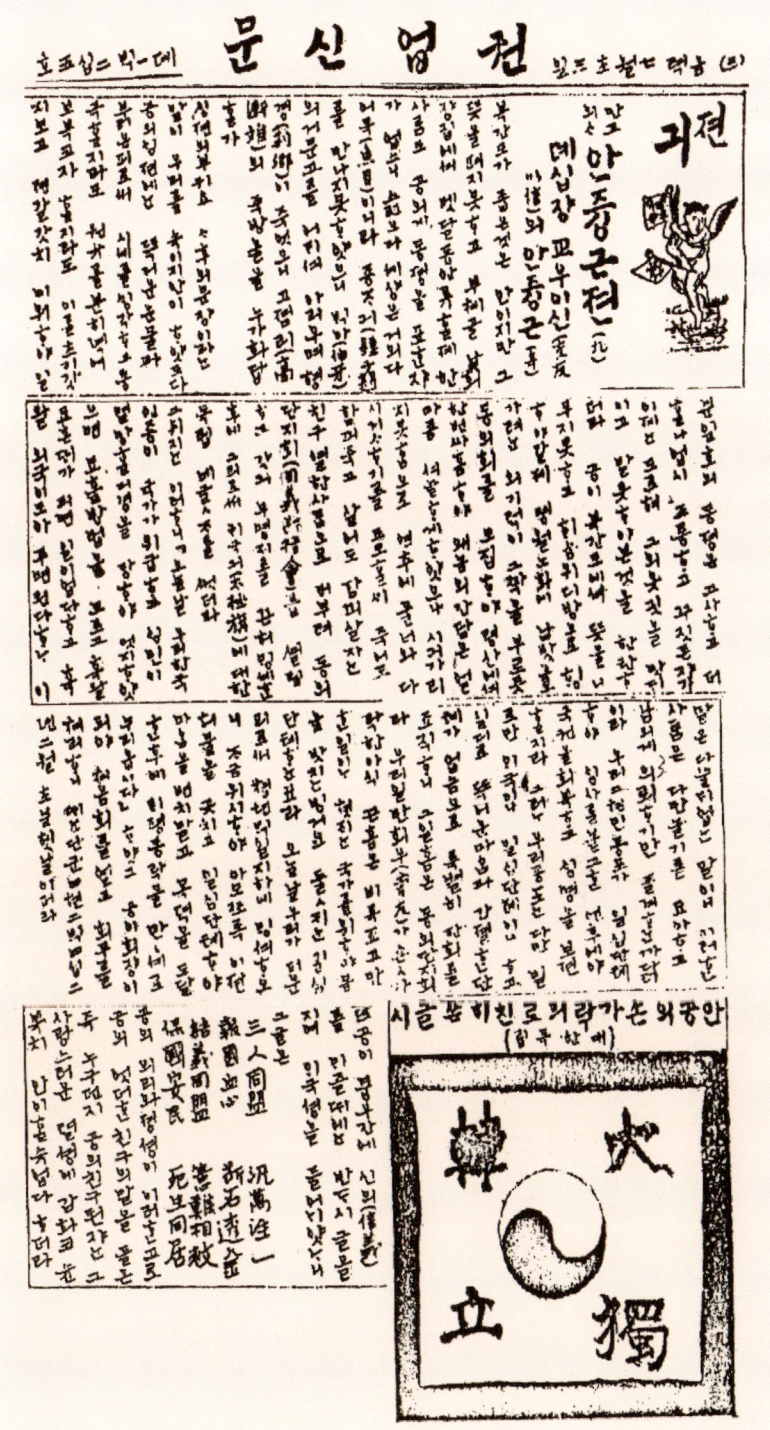

단지동맹

계봉우(桂奉瑀)의 『만고의사 안중근전』 중에 단지동맹과 동의단지회에 대한 기술 부분. 『권업신문』, 제125호, 1914년 8월 23일자

단지한 안중근 의사

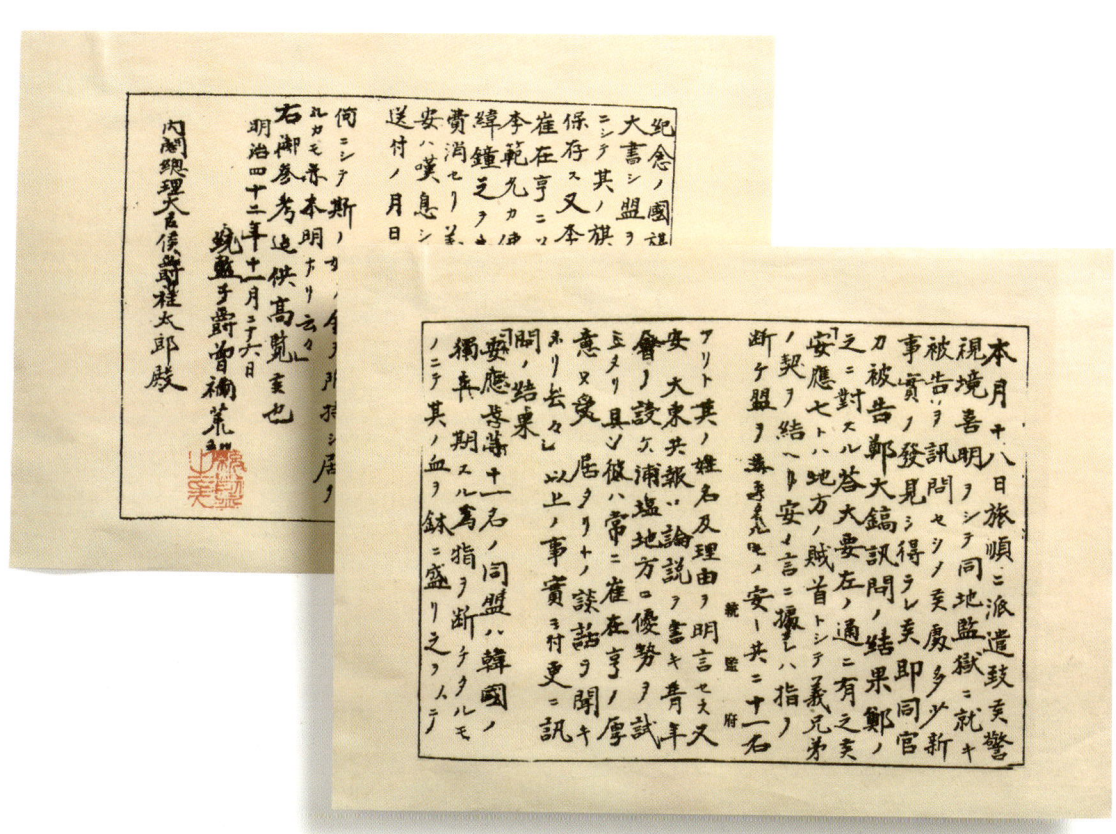

안중근 의사의 단지혈서 관련 일제 보고문서

동의단지회(同義斷指會)의 취지문(趣旨文)

오늘날 우리 한국 인종(人種)이 국가가 위급하고 생민(生民)이 멸망할 지경에 당하여 어찌하였으면 좋은지 방법을 모르고 혹 왈 좋은 때가 되면 일이 없다 하고, 혹 왈 외국이 도와주면 된다 하나 이 말은 다 쓸데없는 말이니, 이러한 사람은 다만 놀기를 좋아하고 남에게 의뢰하기만 즐겨 하는 까닭이라. 우리 2천만 동포가 일심단체(一心團體)하여 생사를 불고 한 연후에야 국권을 회복하고 생명을 보전할지라. 그러나 우리 동포는 다만 말로만 애국이니 일심단체이니 하고 실지로 뜨거운 마음과 간절한 단체가 없으므로 특별히 한 회를 조직하니, 그 이름은 동의단지회(同義斷指會)라. 우리 일반 회우(會友)가 손가락 하나씩 끊음은 비록 조그마한 일이나 첫째는 국가를 위하여 몸을 바치는 빙거(憑據)요, 둘째는 일심단체하는 표(標)라. 오늘날 우리가 더운 피로써 청천백일지하(靑天白日之下)에 맹세하오니 자금위시(自今爲始)하여 아무쪼록 이전 허물을 고치고 일심 단체하여 마음을 변치 말고 목적에 도달한 후에 태평동락을 만만세로 누리옵시다.

안 의사가 작성한 동의단지회의 취지문 『만고의소 안즁근젼』, 『권업신문』 제125호, 1914년 8월 23일자

단지동맹 당시 작성한 혈판상(血判狀)과 『한국독립기』에 대한
일제의 조사기록 문서

단지동맹 동지
조응순(趙應順)

조응순이 공술한 단지동맹 전말기

단지동맹 동지

안 의사와 단지동맹의 동지 백규삼(왼쪽)과 황병길(오른쪽)

단지동맹 동지 황병길(왼쪽에서 여섯 번째)과 백규삼(왼쪽에서 여덟 번째)

안 의사는 동지들을 보호하기 위하여 일제 관헌의 심문 때마다 단지동맹자 명단에 포함된 사람들의 이름을 약간씩 달리 언급하였다. 따라서 현재 명백한 사람은 12인 중 김기룡, 백규삼, 황병길, 조응순, 강순기, 강창두 정도이다.

단지동맹유지비

2001년 광복회,
고려학술문화재단 건립
2009년 6월 1-3일(보수 이전).
러시아 크라스키노

단지동맹 12인

맹주 安重根(31) 평안도	金伯春(25) 함경도
金起龍(30) 평안도	白奎三(27) 함경도
姜順琦(40) 평안도	黃丙吉(25) 함경도
鄭元桂(30) 함경도	趙應順(25) 함경도
朴鳳錫(32) 함경도	金千華(26) 강원도
劉致弘(40) 함경도	姜昌斗(27) 평안도

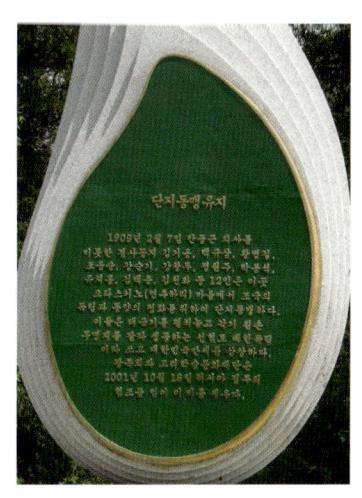

연해주 엔치야 원경

엔치야는 안 의사가 블라디보스토크로 떠나기 전에 머물렀던 곳이다. (현 크라스키노)

6.
하얼빈 의거

러시아 일반 관리들이 호위하고 오는 중에 맨 앞에 누런 얼굴에
흰 수염을 가진 한 조그마한 늙은이가 이같이 염치없이 감히
천지 사이를 횡행하고 다니는가.
'저것이 필시 이등 노적일 것이다' 하고 곧 단총을 뽑아 들고
그 오른쪽을 향해서 3발을 쏜 다음, 생각해 보니 십분 의아심이
머릿속에서 일어났다. 내가 본시 이토의 모습을 모르기 때문이었다.
만일 한번 잘못 쏜다면 큰일이 낭패가 되는 것이라, 그래서 다시 뒤쪽을
향해서, 일본인 단체 가운데서 가장 의젓해 보이는, 앞서가는 자를
새로 목표하고 3발을 이어 쏜 뒤에 또다시 생각하니, 만일 무죄한 사람을
잘못 쏘았다 하면 일은 반드시 불미할 것이라 잠깐 정지하고 생각하는
사이에, 러시아 헌병이 와서 붙잡히니 그때가 바로 1909년
음력 9월 13일 상오 9시 반쯤이었다.
그때 나는 곧 하늘을 향하여 큰 소리로 '대한만세'를 세 번 부른 다음,
정거장 헌병 분파소로 붙잡혀 들어갔다.

– 안중근, 『안응칠 역사』에서

현재의 블라디보스토크역

블라디보스토크의 한인촌
카레이스카야 슬라보드카라고 불리던 블라디보스토크 개척리.
안 의사가 망명 후 구국투쟁을 벌인 곳이다.

최재형(崔才亨, 1860-1920)
안 의사의 의병활동을 도운 연해주 한인사회의 지도자로서 안 의사 의거 후 그곳으로 망명한 유족 구호에도 앞장섰다. 1919년 임정 재무총장에 선임되었으며 1920년 4월 일본군에 총살되었다.

이강(李剛, 1878-1964)
안 의사의 하얼빈의거를 도와준 블라디보스토크 대동공보사 주필.
임정 임시의정원장 역임.
광복 후 안중근의사숭모회 설립 추진.

안중근 의사 의거 당시의 하얼빈역

이토 히로부미가 도착하던 당일의 하얼빈역 플랫폼

러시아 재무대신 코코프체프

코코프체프는 이토 히로부미와 회담하기 위하여 먼저 하얼빈에 도착, 이토를 차내에서 영접하였다.

이토 히로부미 伊藤博文, 1841-1909

한국 침략의 원흉이며 동양평화의 교란자

1841 야마구치(山口)현 출생
　　　본명은 하야시 도시스케(林利助)
　　　농민 집인 출신으로 하급무사 집안인
　　　이토가의 양자로 들어감
1885 초대 내각 총리대신 이후 3번 역임
1888 초대 추밀원 의장
1889 메이지헌법 반포
1905 한국통감부 초대 통감
1909 추밀원 의장 자격으로 하얼빈을 방문했다가
　　　안중근 의사의 총탄에 맞아 절명

안중근 의사, 우덕순, 유동하의 의거 직전의 기념사진

안 의사는 우덕순, 유동하와 함께 하얼빈에 도착, 김성백 집에 숙박하며 의거를 준비하면서
의거 3일 전인 1909년 10월 23일 중국인 사진관에서 이 기념사진을 촬영하였다.

현재의 채가구(차이지아거우)역

우덕순, 조도선의 이토 저격 예정지

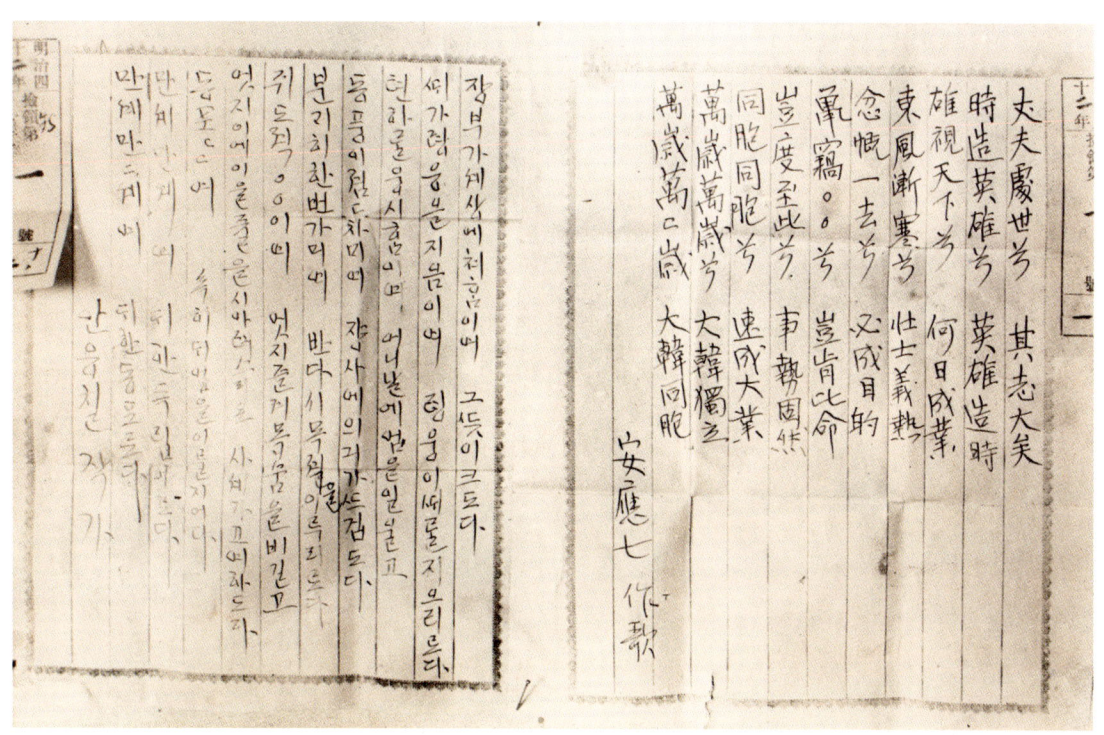

안중근 의사가 남긴 『장부가』
한시, 한글시 모두 안 의사의 친필이다.

안중근 의사의 『장부가』에 화답한 우덕순의 『거의가』

안녕하시옵니까.

이달 9일(양력 10월 22일) 오후 8시 이곳에 도착하여 김성백 씨 댁에 머무르고 있습니다. 『원동보』에서 보니 이 토(伊藤)는 이달 12일(양력 10월 25일) 러시아 철도총국에서 특별히 배려한 특별열차에 탑승하여 이날 오후 11시쯤에 하얼빈에 도착할 것 같습니다. 우리는 조도선 씨와 함께 저의 가족들을 맞아 관성자에 가는 길이라 말하고 관성자에서 거의 십여 리 떨어진 정거장에서 때를 기다려 그곳에서 일을 결행할 생각이오니 그리 아시기 바랍니다. 이 큰일의 성공 여부는 하늘에 달려 있으나, 동포의 기도에 힘입어 성공하게 되기를 간절히 바랍니다. 그리고 이곳의 김성백 씨에게서 돈 50원을 차용하니, 속히 갚아 주시기를 천만 번 부탁드립니다.

대한독립 만세

9월 11일(양력 10월 24일) 오전 8시

우덕순 인
아우 안중근 인

블라디보스토크 대동공보사 이강 전

오늘 아침 8시에 출발하여 남쪽으로 갑니다.

추신: 포브라니치나야에서 유동하와 함께 이곳에 도착했으니 앞으로의 일은 본사로 통보할 것입니다.

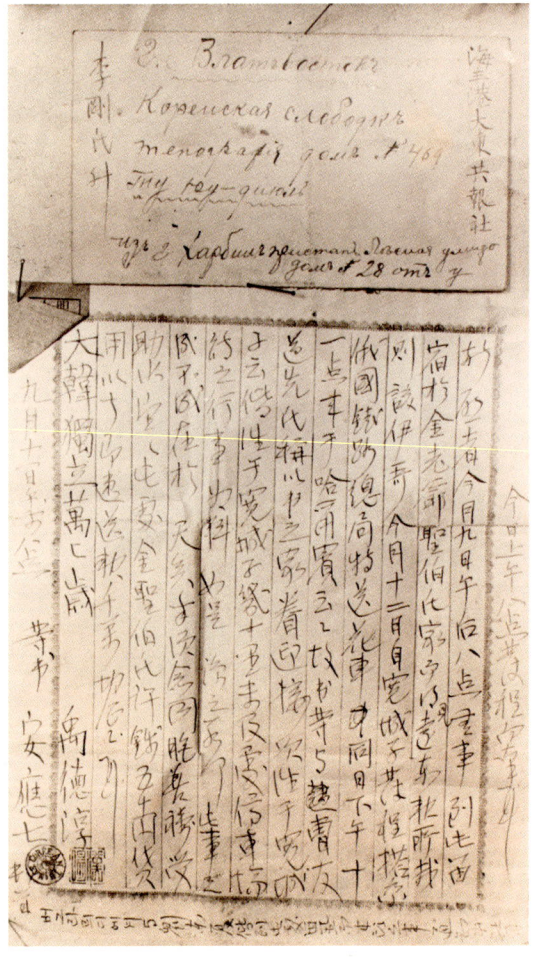

안 의사가 하얼빈의거지에서 우덕순과 연명으로 이강에게 의거 준비상황과 자금상환을 기술한 엽서. 안 의사와 우덕순의 인장이 찍혀 있다.

의거 직전의 하얼빈역

위, 하얼빈역에 도착한 이토 히로부미를 영접하러 나온 러시아 정부 고관과 도열해 있는 러시아군수비대

왼쪽, 열차에서 내린 이토 히로부미와 그 일행

하얼빈의거 전후 운행되던 급행열차

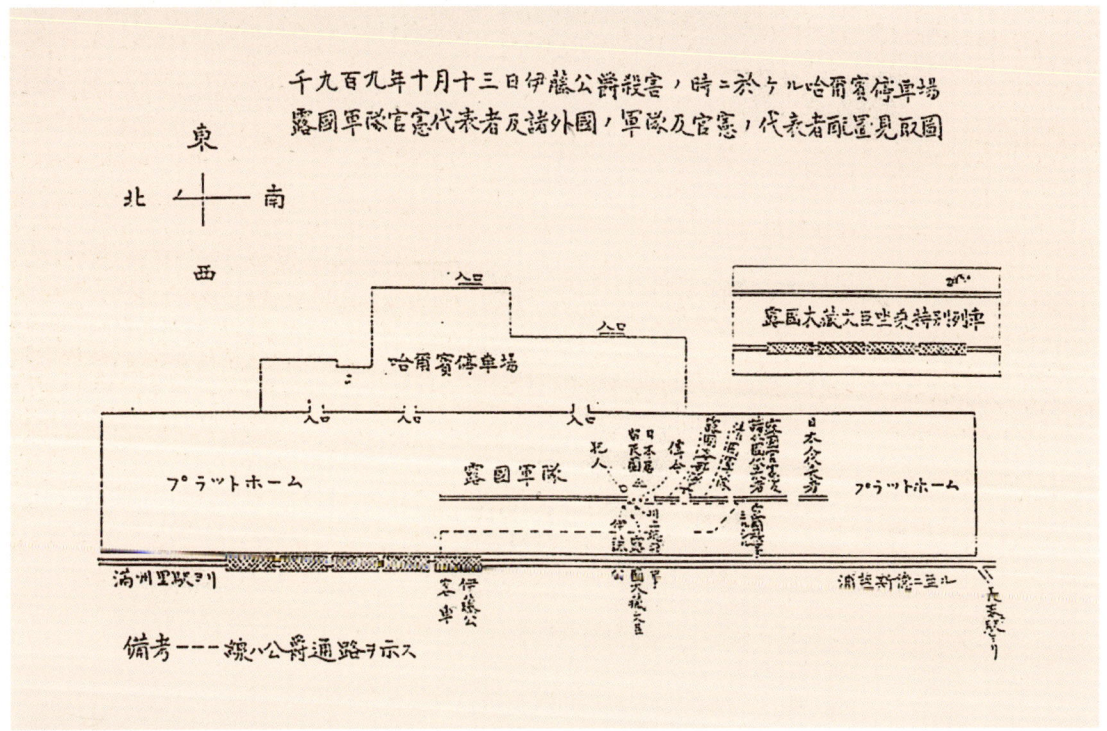

하얼빈의거 현장도
안 의사에 대한 신문과 공판에 통역을 전담하다시피 한 소노키 스에요시 통감부 통역이 소장했던 것으로 전해지고 있다.

의거의 순간
1909년 10월 26일 9시 30분경, 이토 히로부미를 총살 응징하는 안중근 의거 장면도(박영선 화백)

하얼빈의거 직후의 안중근 의사

하얼빈의거 직후의 안중근 의사

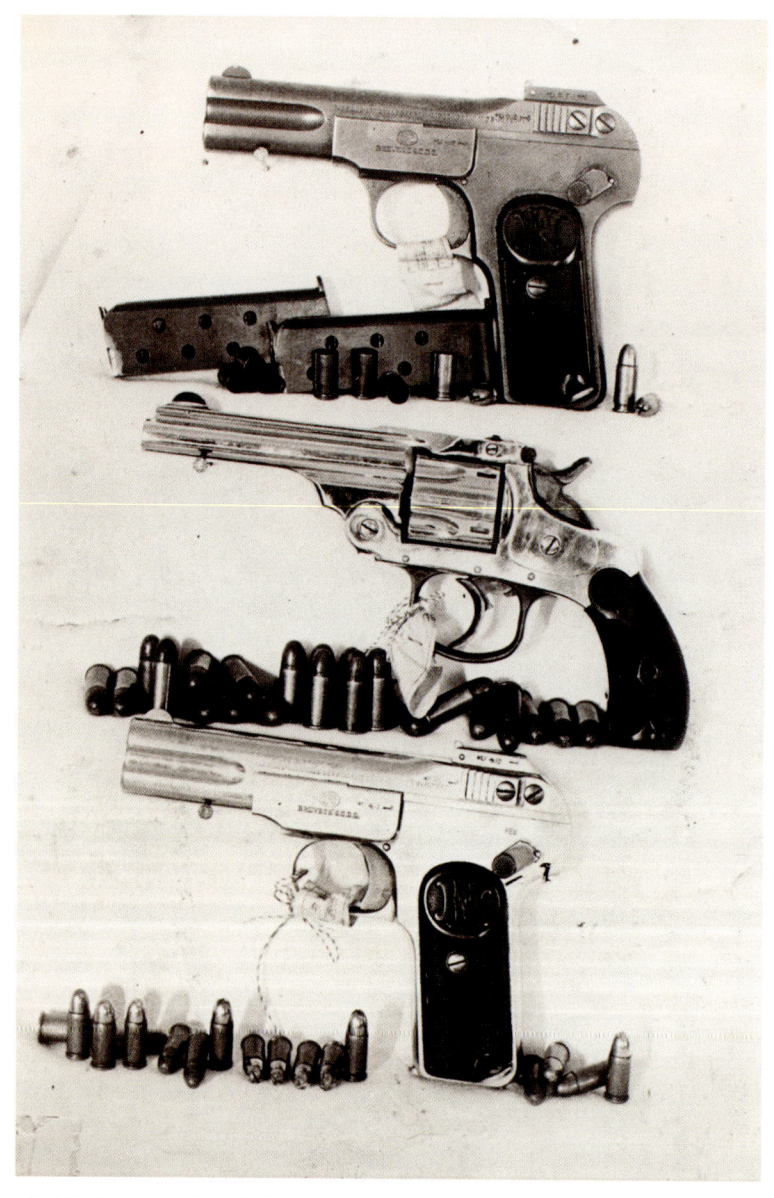

의거에 사용한 브라우닝 권총
의거 당시 사용한 것으로, 안 의사의 총기번호는 브라우 262336(위)이고,
우덕순의 것은 263975(맨 아래)이다.

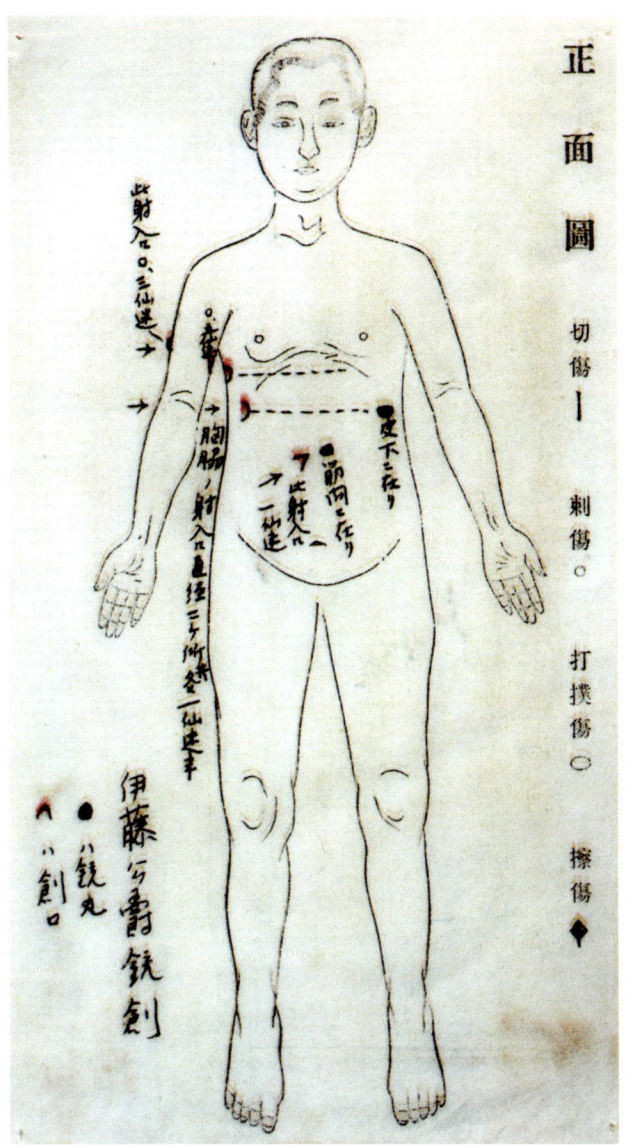

이토 히로부미 진단 도면

안 의사가 발사한 의탄(義彈)이 이토 히로부미의 몸에 박힌 상태를
의학적으로 표현한 진단 도면이다.

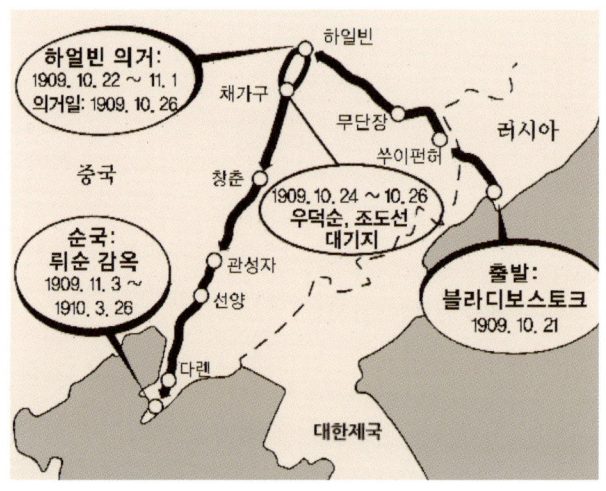

안중근 의사의 하얼빈의거 관련 일정

안 의사 중근공 엽서

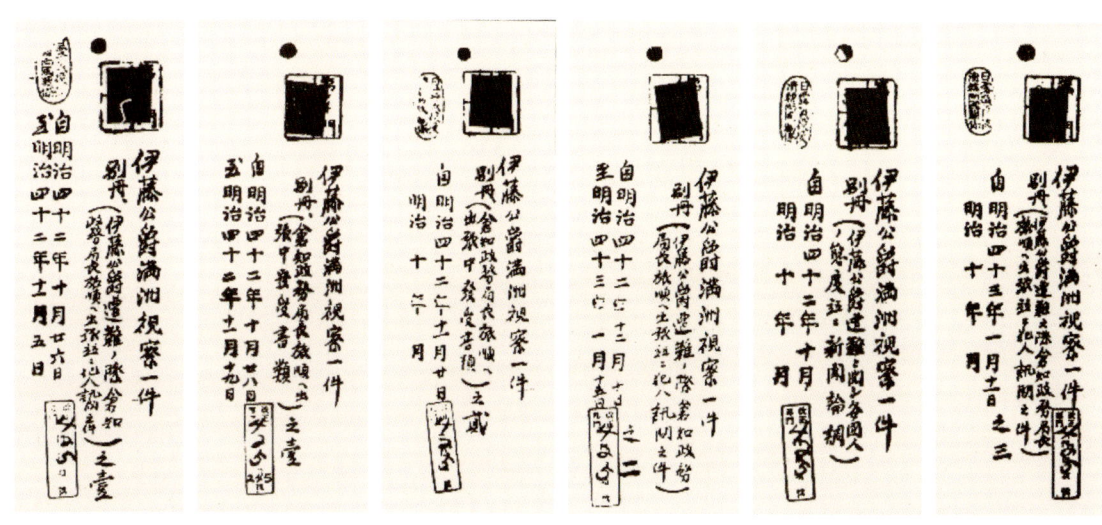

하얼빈의거 관계 일본정부 문서

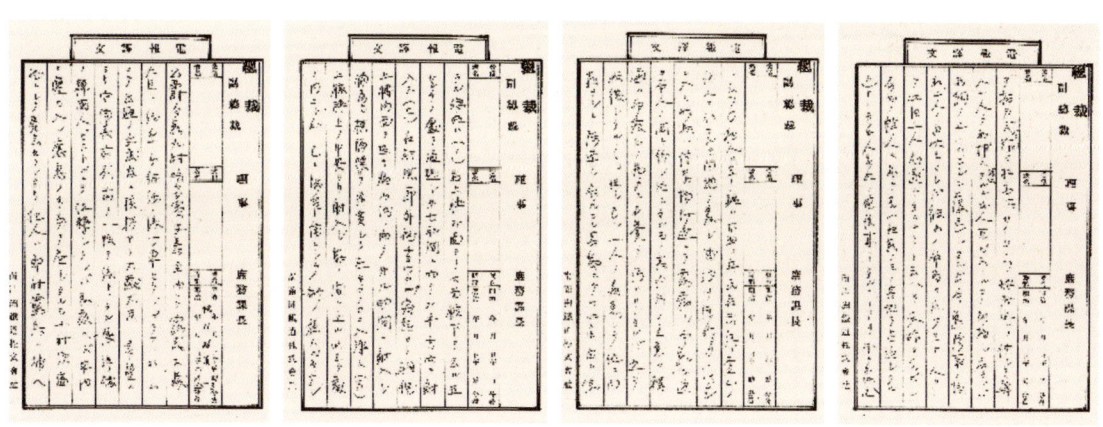

하얼빈의거 소식을 전하는 긴급 전문

안중근 의사가 갇혀 있던 하얼빈 일본총영사관

안 의사는 의거 당일 저녁 러시아 측으로부터 일제에 넘겨져 11월 1일 뤼순감옥으로 이감될 때까지 이곳 지하실에 감금되었다.

안중근 의사가 뤼순감옥으로 이송되기 전까지 감금되었던 하얼빈 일본총영사관 지하실

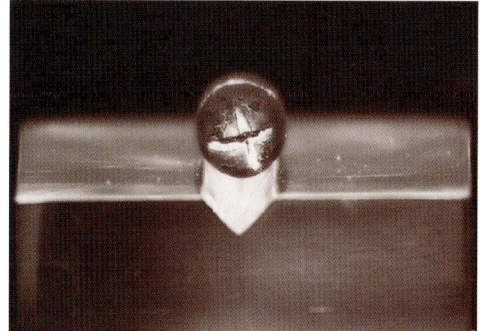

안중근 의사가 발사한 의탄

만주철도 이사 다나카 세이지로가 맞은 것으로 일본 헌정기념관에 전시되어 있다.

이토 히로부미 장례 행렬(도쿄)

일제가 이토 추모를 위해 서울 장충단에 세운 박문사. 1932년 10월 26일 낙성

7.
뤼순 재판투쟁

"그는 이미 순교자가 될 준비가 되어 있었다.
준비 정도가 아니고 기꺼이,
아니 열렬히 귀중한 자신의 삶을 포기하고 싶어 했다.
그는 마침내 영웅의 왕관을 손에 들고는
늠름하게 법정을 떠났다."

– 찰스 모리머 기자,
  영국 『그래픽(*The Graphic*)』지에 게재된 공판 기사 중에서, 1910년 4월 16일자

찰스 모리머 기자가 쓴 공판 참관기, 영국 『그래픽(The Graphic)』, 1910년 4월 16일자.

일본식의 한 '유명한 재판 사건'
- 이토 공작 살해범 재판 참판기 -

찰스 모리머

일본인들은 이토 히로부미 공작의 살해범을 법정에 세움에 있어서 전 세계의 이목이 그들에게 집중되어 있다는 사실을 잘 알고 있었다. 그들은 이 재판이 단순히 한 '유명한 재판 사건' 이상이라는 것도 잘 알고 있었다. 이 재판은 이 암살사건에 연루된 범죄자들에 대한 재판일 뿐만 아니라 일본의 현대 문명이 재판을 받는 하나의 시험 케이스이기 때문이었다.

이런 이유에서 일본정부 당국이 이 재판의 진행에 아주 세세한 부분에까지 대단한 주의와 준비를 하였다는 사실은 놀랄 일이 아니다. 담당 검사와 실무자들은 그간 증거의 수집, 목격자들의 조사, 그리고 살해 동기의 점검과 재점검에 석 달을 소비하였다. 그 비극이 일어난 직후 이미 현장조사가 있었으며, 그것은 이 엄청난 사건이 가져오는 어쩔 수 없는 흥분에 대처하는 일본 정부 당국의 자제력이 얼마나 강한가를 보여주기라도 하듯이 조용하게 그리고 공정하게 진행되었다. 소문내기 좋아하는 신문은 이들에게 태형과 손톱 제거와 같은 가혹한 고문이 가해졌다는 보도를 하기도 했지만 실제로는 이와는 달리 법이 허락하는 범위 내에서 최대한의 자비가 베풀어졌다. 이들에게는 난방이 잘된 감방과 비교적 좋은 식사가 제공되었으며, 이들은 인간적인 대우와 심문을 받았다.

주범 안중근의 동지들은 그를 변호하기 위하여 상해로부터 영국인 변호사 더글러스 씨를 선임하여 보냈으며, 이 변호사는 그 유명한 영국 해군제독 아치발드 더글러스 경의 아들이기도 했다. 피고는 통역을 통하여 이 외국인 변호사와 이야기할 수 있도록 허락되었다. 그가 외국인 변호사에게 한 최초의 말은 다음과 같다. "나의 동지들에게 나의 감사의 말과 안부를 전해 주시오. 지금까지 나는 나의 동지들이 나를 잊어버린 줄로 생각했다오." 무대 위에 올라 잠시 반짝 세계적인 명사가 되었다가 사라지는 모든 폭력적 혁명가들과 정치적 암살범들이 그렇듯이 이 피고인이 두려워하는 것도 사람들의 마음에서 멀어지고 망각 속으로 가라앉는 것이었다.

재판은 2월 7일 오전 9시가 지나서야 시작되었다. 그리고 이 재판이 열린 곳은 극동의 한 도시 포트 아서*로, 일본이 이 사건의 극적 효과를 높이기 위하여 신중하게 의도적으로 선택한 곳이었다. 이 유명한 요새로 된 작은 도시의 황량하기 그지없는 언덕배기에 위치한 크지도 않고 작지도 않은, 위압적이지도 않고 초라하지도 않은, 한 건물 안에 마련된 법정에는 판사, 검사, 그

---
* Port Arthur, 중국 뤼순의 영어식 별칭

리고 통역을 담당한 사람들이 그들의 등을 벽 쪽으로 향한 채 긴 테이블에 함께 앉았으며, 이들 앞에 죄수들이 서서 이들의 질문에 직접 대답하도록 되어 있었다. 그 뒤에는 변호인들을 위한 좌석이 마련되어 있었다. 오른쪽에는 경비 헌병들이 앉을 등받이가 없는 걸상들, 그리고 이들 바로 왼쪽에는 죄수들이 앉을 벤치가 놓여 있었다. 그리고 칸막이 뒤에는 일반인들의 방청석이 마련되어 있었다.

여러모로 보아 이 재판은 독일 법정을 모델로 진행되었다. 그도 그럴 것이 일본의 형법은 독일의 형법을 그대로 베낀 것이기에 어쩌면 당연한 일이었다. 그러나 자세히 들여다보면 원본과 카피 사이에는 분명 약간의 차이는 있었다. 예를 들어 법관들은 프랑스 판사들처럼 가운을 입었고 머리에는 모자 비슷한 것을 썼는데 이런 의상이 가져오는 서양식 위엄은 의상실에서 옷을 갈아입고 구태여 구두를 벗어 놓고 일본식 게다를 신고 등장함으로써 상당 부분 깨졌다. 세상에 비록 그 사람이 제아무리 유명하고 뛰어난 사람이라 하더라도 신발을 질질 끌고 걸어간다면 결코 좋은 인상을 줄 수는 없다. 더구나 관련 기록서류를 푸른 무명 보자기에 싸서 들고 다닌다면 그 위엄과 권위는 손상될 수밖에 없다. 그러나 전체적으로 보아 이런 정도의 차이는 미미한 것이며, 속기사들과 통역사들조차 제복을 입고 있는 이 법정의 엄숙한 분위기를 심각하게 손상시키는 것은 물론 아니었다.

암살범 안중근과 세 사람의 공범들은 낡고 더럽고 딱딱한 죄수 호송마차에 실려 감옥에서 법정에 도착하였다. 이들은 법정에 들어서자 자기들을 위하여 마련된 벤치에 앉았다. 무거운 정적이 법정을 지배하였다. 온순한 동양인 방청인들은 너무나 얌전한 나머지 이 사건에 대하여 가타부타 일체 사사로운 의견을 표시하지 않았다. 만약에 누군가가 그런 시도를 했다면 제복을 입은 헌병에 의하여 즉시 제재를 받았을 것이다. 이 특별한 법정 경비원에게는 이 역사적인 재판의 권위와 공정성을 훼손하는 어떤 행위도 용납해서는 안 된다는 엄격한 지시가 내려져 있었으며, 경비원들은 이 지시를 글자 그대로 엄격하게 실행하였다. 방청객들 가운데 혹시라도 어떤 비일본인이 앉아 있다가 무심코 다리를 꼬기라도 한다면 그는 즉시 엄중한 질책을 받았고 방청석 밖으로 끌려 나갔다.

사건담당 검사는 우선 비극의 개요를 설명함으로써 재판을 시작했다. 그는 안중근에 대해서는 일급 살인범으로, 그리고 그의 동료이자 공범으로 체포된 다른 두 사람, 우 씨*와 조 씨*에게는 살인미수 혐의를 적용했다. 이 두 사람은 안중근에 앞서 이토 공작을 차이지아거우(채가구)역에서 살해하려고 했지만 러시아 철도 경비원들의 감시 때문에 계획을 포기해야만 했었다. 그리고 또 한 사람의 공범 유 씨*는 이들과 은밀한 접촉을 하고 서신을 전달한 혐의로 기소되었다. 검사가 그간 준비된 빈틈없는 증거의 그물을 가지고 이들 하나하나의 범죄행위를 엮어 가는 동안 이 네 사람은 동요하는 빛이 없이 조용히 앉아 있었다. 그에게 모든 사람들의 시선이 집중되어 있었지만 안중근은 더욱 그랬다. 그는 좀 지루하다는 표정이었다. 그의 일관된 요구는, "나에게도 말할 기회를 주시오. 나도 말 좀 합시다. 나에게도 할 말이 많소"였다.

---

* 우 씨는 우덕순, 조 씨는 조도선, 유 씨는 유동하를 각각 가리킨다.

드디어 검사의 사건설명이 끝나고 안중근에게 말할 기회가 주어지자 그의 입에서는 즉시 애국적 열변이 터져 나왔다. 법정의 분위기나 사정을 전혀 의식하지 않고, 그와 같은 그의 발언이 청중들에게 과연 어떤 효과를 가져올 것인가에 대하여는 아랑곳없이, 그는 어떻게 한국이 그동안 일본에 의하여 억압을 받았으며, 그 억압의 주인공이 바로 이토 공작이라고 열변을 토하였다. "이토 공작이 있는 한 나의 조국은 영구히 멸망할 것이오. 이것은 나의 의견일 뿐만 아니라 내가 만나 본 한국인 모두의 의견이며, 심지어 한국의 농부와 시골에 사는 사람들의 의견이오."

신기한 사실은 이들 가운데 아무도 정작 일본인들 전체를 비난하거나 일본인들이 자기 나라의 국토를 점령하고 있다는 사실에 대해서는 분노를 터뜨리지 않았다는 것이다. 이 모든 불행이 이토 공작 때문이고, 이토 공작의 음모요, 이토 공작의 책략이요, 이토 공작의 야심 때문이라는 것이었다. 누가 이 불화를 가져왔는가? 이토. 일본인들에 대한 봉기의 원인은 무엇인가? 이토. 한국이 일본 천황에게 보낸 국서를 중간에서 가로챈 사람이 누구인가? 이토. 안중근 씨의 주장을 경청하다 보면 이토 히로부미야말로 한국의 자유를 말살한 무자비한 독재자일 뿐이었다.

그런데 여기에서 판사가 지금까지 이런 종류의 재판에서 선례가 없는 아주 이상한 행동을 하였다. 그것은 일반 일본인들이 이 범죄자에 대하여 느끼고 있는 대단한 존경심을 역으로 보여주는 한 단면이기도 하였다. 살해당한 일본의 정치가에 대한 기억은 일본인들에는 고귀한 것이었으며 이것은 결코 더럽혀질 수 없는 것이었다. "당신이 계속 이런 발언을 계속한다면…" 판사는 엄숙하게 안중근에게 말했다. "우리는 이 법정에서 방청인들을 모두 퇴장시킬 수밖에 없소." 그러나 이 경고를 의도적으로 묵살하는 것인지, 아니면 너무 흥분해서 그런지 안중근의 말은 막힘없이 강물처럼 흘러나왔다. 할 수 없이 판사는 그가 경고한 대로 할 수밖에 다른 도리가 없었다. 그는 법정 경비 헌병들에게 방청인 모두의 퇴장을 명하였다. 방청인들은 명령대로 조용하게 법정에서 빠져나갔다. 그러나 안중근은 텅 빈 법정의 벽과 아무런 감정을 보이지 않는 법관들과 통역인들, 그리고 함께 기소된 공범들의 귀에다가 금지된 연설을 폭포처럼 쏟아냈다. 다음 날에는 방청인들의 입장이 다시 허용되었으며 이 자리에서 검사는 사건의 전모를 요약하였다. 일본정부 당국은 이 암살사건의 전모를 부득이한 경우를 제외하고는 가능한 한 만천하에 공개하기를 원하고 있었다.

드러난 증거에 의하면 이토 공작의 암살사건은 사람들이 생각했던 것처럼 사전에 엄청난 규모의 음모가 있었던 것은 아님이 분명했다. 왜냐하면 그간 진행된 철저한 수사와 심문에도 불구하고 일본 당국은 현재 진행되고 있는 한국에 대한 일본정부의 정책을 송두리째 무너뜨리려는 한국인 불순분자들의 벌집을 이빈 사건을 계기로 뿌리째 들어내려던 계획에 실패하였기 때문이다. 현재 한국인들은 가슴속에 불만이 가득한 듯했다. 그러나 그 불만이 어떤 조직적인 것은 못 되는 것 또한 분명했다. 지금까지 드러난 암살범의 성격이나 주변 상황으로 보아 이 암살은 어느 누구의 사주에 의한 것이 아님이 분명하며, 그가 자신의 계획을 거사 이전에 누구에게 알려준 사람이 있다면 그 사람은 현재 공범으로 체포되어 재판을 받고 있는 우 씨 한 사람뿐이었다.

우 씨 이외에 조 씨와 유 씨라는 다른 두 공범들조차도 막연하게 무슨 일이 진행되고 있다는 감만 가지고 있었다. 조 씨가 이 음모에(이 사건을 과연 음모라고 말하는 것이 옳은 일인지도 확실하지 않지만) 가담하게 된 것은 순전히 그가 러시아어를 할 줄 아는 사람이었기 때문이었다. 안중근은 처음부터 이 조 씨를 신뢰하지 않았다. 그것은 "조 씨가 이미 한국을 떠나 러시아 영토에서 13년간 살고 있었기 때문"이라고 안중근은 불신의 이유를 밝혔다. 고로 공범 조 씨는 단순한 도구에 불과한 사람이었다. 유 씨라는 공범은 단지 한 소년에 불과하였다. 학교에도 다니지 못한 어린 소년으로 그저 편지 전달하는 일에나 적합한 인물이었으며, 이 일마저도 제대로 해낼 수 없어 보이는 소년이었다. 안중근은 달랐다. 그는 강직한 성격을 소유한 사람이었다. 그가 약점을 보인 곳은 그의 성격이 아니라 공범 우 씨를 신뢰한 그의 판단력이었다. 우 씨는 가난하고 우유부단한 사람으로서 열쇠공, 수금원, 담배장수 등 안 해본 일이 없는, 어떤 한 가지 직업에 오래 붙어 있지 못하는 그런 인물이었다.

이 재판의 결말은 이미 정해져 있었다. 안중근의 무죄를 증명하는 것은 처음부터 불가능한 일이었다. 변호인 측에서 바랄 수 있는 것이 있었다면 그것의 형량을 줄여 보는 일뿐이었다. 모든 범죄의 변호에서 가능하듯이 이 사건의 변호에도 사용할 수 있는 논리의 하나는 형법의 기본정신에 호소하는 것뿐이었다. 그것은 '잘못된 동기론'이었다. 일본인 변호사 미즈노는 다음과 같은 변론을 전개하였다. "재판장님, 이 교육도 받지 못했고 잘못된 사상으로 불타고 있는 나라에서 태어난 이 사람들에게 동정심을 보여 주시기 바랍니다. 정 동정도 할 수 없고 용서도 할 수 없다면 이 사람들의 생명을 빼앗는다는 것이 결코 대일본제국의 형법정신을 실현시키는 일이 아니라는 사실을 상기해 주시기 바랍니다. 다시 말해서 형사처벌의 목적은 다른 사람들이 같은 범죄를 또다시 저지르는 일이 없도록 하는 데 있다는 형법의 기본정신 말입니다."

2월 14일 월요일, 마침내 이 죄수들은 선고를 받기 위하여 검정색 죄수 호송마차에 실려 마지막으로 법정에 도착하였다. 예상한 대로 안중근에게는 사형이 언도되었다. 살해당한 이토 공작도 이와 같은 극형은 결코 바라는 바가 아닐 것이라는 한 변호인의 탄원이 있었지만 묵살되었다. 우 씨에게는 3년 징역에 중노동이, 조 씨와 유 씨에게는 각각 18개월의 징역형이 선고되었다. 형을 선고받은 피고들의 모습은 각자 특색이 있었다. 나이 어린 유 씨는 가련하게 울먹였다. 조 씨는 좀 나았다. 우 씨는 잃었던 침착성을 되찾은 듯 아무도 원망하지 않았다. 안중근은 달랐다. 기뻐하는 모습이 역력했다. 그가 재판을 받는 동안 법정에서 자신의 정당성을 주장하는 열변을 토하면서 두려워한 것이 하나 있었다면 그것은 혹시라도 이 법정이 오히려 자기를 무죄 방면하지나 않을까 하는 의심이었다. 그는 이미 순교자가 될 준비가 되어 있었다. 준비 정도가 아니고 기꺼이, 아니 열렬히, 자신의 귀중한 삶을 포기하고 싶어 했다. 그는 마침내 영웅의 왕관을 손에 들고는 늠름하게 법정을 떠났다. 일본정부가 그처럼 공들여 완벽하게 진행하였으며, 현명하게 처리한 이 세상을 떠들썩하게 만든 일본식의 한 '유명한 재판 사건'은 결국 암살자 안중근과 그를 따라 범행에 가담한 잘못 인도된 공범들의 승리로 끝난 것은 아닐까.

— 번역 이창국(중앙대 명예교수)

현재의 뤼순역

러시아식으로 지은 뤼순역은 현재도 그대로 사용되고 있다. 안 의사와 우덕순, 조도선, 유동하 및 그 밖의 연루자들은 1909년 11월 1일 하얼빈을 떠나 엄중한 경호 속에 1909년 11월 3일 이 역을 거쳐 뤼순감옥에 수감되었다.

안중근 의사가 공판을 받았던 관동도독부 고등법원
안 의사는 1910년 2월 7일부터 14일까지 이 법원 제1호 법정에서 재판을 받고 사형이 언도되었다.
안 의사의 재판은 이 법정에서 개정되었으니 재판관할은 관동도독부 지방법원 소관으로 마나베 수조 지방법원장 단독심으로 진행되었다.
현재 이 건물은 재단법인 뤼순순국재단기념 사업회가 매입하여 기념관으로 사용하고 있다.

뤼순감옥 이송 직후의 안중근 의사

하얼빈의거 연루자

우덕순 禹德淳, 1879-1950. 9. 26

이명 연준連俊, 호는 단운檀雲. 충청도 제천 출신으로 서울에 올라와 독립협회 등에서 활동하다가 1905년 을사늑약이 체결되자 국외에서 국권회복을 결심하고 러시아령 연해주로 망명하였다. 이곳에서 교육사업과 의병 모집에 노력, 1908년에는 안중근과 함께 국내 진공작전을 감행, 두만강을 건너 경흥, 회령 등지에서 일본군과 교전했다. 그러나 우세한 일본군의 병력과 화력 앞에 실패하고 연해주로 돌아온 그는 이름을 연준으로 고치고 담배 행상을 하면서 재기를 도모하기도 했다. 1909년 10월, 블라디보스토크에서 안중근을 만나 이토 히로부미 처단계획을 결정하고 거사장소는 하얼빈으로 정했다.

그 뒤 이토 처단은 안중근이 하얼빈역에서, 우덕순·조도선은 채가구역에서 거행하기로 결정하고 실행에 옮기려고 했다. 그러나 이토를 태운 열차가 채가구역을 정차하지 않고 통과하여 이토는 하얼빈역에서 안중근에 의해 처단되었다. 우덕순은 조도선과 함께 러시아 헌병대에 체포되어 일본총영사관에 인도되었고, 안중근과 함께 뤼순에서 재판을 받고 3년형의 옥고를 치렀다. 출옥 후 북만주 일대에서 독립운동에 힘쓰다가 해방 후 귀국, 1948년 대한민국당 최고위원으로 정치활동을 했다. 1950년 6·25전쟁 중 인민군에 의하여 처형되었다. 정부는 그의 공훈을 기려 1962년 건국훈장 독립장을 추서했다.

유동하 劉東夏, 1892-1918

다른 이름은 강로江露, 함경남도 원산 출신이다. 1909년 10월 21일 안중근이 하얼빈으로 가는 도중 국경도시 포브라니치나야에서 한약사이던 유경집에게 러시아 통역을 구하자 유경집은 그의 아들 유동하(18세)를 대동하도록 허락했다. 그리하여 유동하는 안중근, 우덕순과 함께 하얼빈에 도착해 그의 사돈인 김성백의 집에 유숙하도록 주선했다.

10월 25일, 채가구에 머물고 있던 안중근에게 이토 일행이 10월 26일 아침에 하얼빈에 도착한다는 전보를 쳐 안중근으로 하여금 이토 처단을 성공하도록 도왔다. 이로 인하여 일제에 체포되어 뤼순감옥으로 이송되고, 1910년 2월 14일 징역 1년 6개월형을 받고 옥고를 치렀다. 석방 후 항일운동을 지속적으로 전개했으며, 1918년 조선독립운동을 지원받기 위하여 러시아 볼셰비키 혁명군에 가담, 항일운동을 하다 일본군에 피체되어 처형당했다. 정부는 그의 공적을 기려 1962년 건국훈장 독립장을 추서했다.

조도선 曺道先, 1879-?

함경남도 홍원 출신으로 1895년 고향을 떠나 러시아령 이르크츠크 등지에서 세탁업과 러시아어 통역에 종사하다가 1909년 8월 블라디보스토크를 거쳐 하얼빈으로 갔다. 동년 10월, 한국 침략의 원흉 이토 히로부미가 하얼빈에 온다는 소식이 들려오자 그는 이토를 처단하기 위해 하얼빈에 온 안중근, 우덕순, 유동하와 뜻을 같이하기로 동의했다.

이때 이토 처단계획을 두 단계로 나누어 제1단계는 조도선, 우덕순이 채가구역에서 거사하고, 제2단계는 안중근이 하얼빈역에서 거사하기로 정했던 것이다. 1910년 10월 26일 새벽, 이토 일행을 태운 특별열차가 채가구역에 정차하지 않고 통과함에 따라 제1단계 작전은 실패하고, 제2단계인 안중근의 하얼빈의거는 성공을 거두었다.

우덕순과 함께 채가구역 지하실에서 러시아 군대에게 체포당한 그는 1910년 2월 14일 징역 1년 6개월형을 받고 옥고를 치렀다. 정부는 그의 공훈을 기려 1962년 건국훈장 독립장을 추서했다.

김성옥

탁공규

김택신

홍시준

김형재

정서우

김성엽

정대호

방사첨

이진옥

김려수

장수명

안 의사를 '재판'한 관동도독부 법원 관련 인물

히라이시 우지히토 平石氏人
관동도독부 고등법원장

마나베 주조 眞鍋十藏
재판장

미조부치 다카오 溝淵孝雄
검찰관

가마타 세이지 鎌田正治
변호사

미즈노 기치다로 水野吉太郎
변호사

소노키 스에요시 園木末喜
통역관

메이지 일왕^{明治日王}

청일·러일전쟁을 도발, 한국을 침략하였다.

가쓰라 다로^{桂太郞}

일본 내각 총리대신

고무라 주다로^{小村壽太郞}

일본 외무대신

아카시 모토지로^{明石元二郞}

한국통감부 초대 경무총감 겸 헌병사령관

안중근 의사가 재판을 받은 관동도독부 지방법원 공판정

공판정

위, 공판정을 가득 메운 방청인들

아래, 공판정에 출석한 안 의사와 우덕순, 조도선, 유동하(앞줄 오른쪽부터)

코레아 우라!(대한국 만세)

뤼순 법정 공판시말서 중에서

마나베 주조 재판장 이토 공이 탄 열차가 도착했을 때, 피고는 어떤 행동을 했는지 그 상황을 진술하라.

안중근 내가 찻집에서 차를 마시고 있는데 열차가 도착했다. 그와 동시에 음악이 연주됐고 병대(兵隊)가 경례하는 것을 보았다. 나는 차를 마시면서 "하차하는 것을 저격할까, 아니면 마차에 타는 것을 저격할까" 하고 생각했는데, 일단 상황이라도 보려고 나가 보니 이토는 기차에서 내려 많은 사람들과 함께 영사단(領事團) 쪽으로 병대가 정렬한 앞을 행진하고 있었다. 그래서 나는 그 뒤쪽에서 같은 방향으로 따라갔지만, 누가 이토인지는 분별이 가지 않았다. 자세히 보니 군복을 입은 것은 모두 러시아인이고 일본인은 모두 사복을 입고 있었는데, 그 중 맨 앞에서 행진하는 사람이 이토라고 생각했다. 그리고 내가 러시아 병대의 대열 중간쯤의 지점으로 갔을 때, 이토는 그 앞에 열 지어 있던 영사단 앞에서 되돌아왔다. 그래서 나는 병대의 열 사이에서 안으로 들어가 손을 내밀고 맨 앞에서 행진하고 있는 이토라고 생각되는 사람을 향해 십 보 남짓의 거리에서 그의 오른쪽 상박부를 노리고 세 발 정도를 발사했다. 그런데 그 뒤쪽에도 또 사복을 입은 사람이 있었기 때문에, 그가 혹시 이토가 아닌가 생각하고 그 쪽을 향해 두 발을 발사했다. 그리고 나는 러시아 헌병에게 잡혔다.

재판장 피고는 군대 후방에 있었는데 어떻게 군대 전면을 통과하는 것을 저격했는가.

안중근 정렬하고 있는 병사와 병사 사이의 간격은 이삼 보 정도 떨어져 있었는데, 나는 그 후열의 병사 뒤에서 병사와 병사 사이에 있다가 내 앞을 이삼 보쯤 지나갔다고 생각했을 때 발사했다.

재판장 어떤 자세로 발사했는가.

안중근 서서 한쪽 발을 조금 앞으로 내디뎠지만, 특별히 왼손으로 오른손을 받치거나 하지는 않고 발사했다.

재판장 그때 이토 공이라는 것을 어떻게 알 수 있었는가.

안중근 얼굴을 본 기억은 별로 없지만 맨 앞에서 행진하고 있었고, 또 그 사람이 노인이었기 때문에 이토라고 생각했다.

재판장 피고는 앞서 검찰관에게는, 발사할 때 다소 앞으로 나아가고 있었기 때문에 발사가 끝났을 때에는 군대의 앞 열보다 앞으로 나가 있었다고 진술했는데, 어떻게 된 것인가.

안중근 내가 앞으로 나간 것이 아니다. 총을 쏘자 좌우의 병사들이 내 뒤로 흩어졌기 때문에 마치 내가 앞으로 나간 것처럼 됐던 것이다.

재판장 피고는 최초 발사 후, 뒤따라온 사복을 입은 일본인들을 향해 또다시 발사했다고 말했는데, 몇 사람쯤을 향해 발사한 것인가.

안중근 그 뒤에는 많은 사람들이 따라오고 있었는데, 나는 최초의 발사 후 방향을 바꾸어 그중 맨 앞에서 걸어오던 자들을 겨누어 발사했다.

재판장 피고는 그때 모두 몇 발 정도를 발사했는가.

안중근 확실히는 모르지만 대여섯 발쯤 발사했다고 생각한다.

재판장 그때 저지당하지 않았다면 남아 있는 것도 마저 발사할 생각이었는가.

안중근 나는 과연 명중했는지 어떤지 생각하고 있던 순간에 잡혔기 때문에 남은 것은 발사하지 않았다.

재판장 피고가 발사한 부근에 일본인 단체가 있었는가.

안중근 그런 건 알아차리지 못했다.

재판장 발사한 뒤 피고는 어떻게 포박당했는가. 그 당시의 상황을 말해 보라.

안중근 내가 발사하자 곧 러시아 헌병들이 나를 잡으려 덮쳤고, 그와 동시에 나는 그곳에서 나뒹굴었으며, 그때 가지고 있던 총을 던져 버렸다. 나는 이제 어쩔 수 없다고 생각하고, 노국에서 일반적으로 사용하는 말로 '코레아 우라'라고 만세를 삼창했다. 그리고 신체 검색을 받았다.

재판장 그때 피고는 권총 외의 흉기는 소지하지 않았는가.

안중근 작은 칼을 가지고 있었다.

재판장 피고는 권총을 빼앗겨서 그 작은 칼로 저항하지는 않았는가.

안중근 아주 작은 것이었기 때문에 그걸 가지고 저항하는 따위의 일은 하지 않았다.

재판장 피고는 이번에 이토 공을 살해하고 그 자리에서 자살이라도 할 생각이었는가.

안중근 나의 목적은 한국의 독립과 동양평화의 유지에 있었고, 이토를 살해하기에 이른 것도 개인적인 원한에 의한 것이 아니라 동양의 평화를 위한 것으로, 아직 목적을 달성했다고 할 수 없기 때문에 이토를 죽여도 자살할 생각 따위는 없었다.

재판장 피고가 발사한 총알이 효력이 있었다고 생각했는가.

안중근 나는 효력이 있는지 몰랐고, 또 그 당시 이토가 사망했는지의 여부도 몰랐다.

재판장 피고는 러시아 관헌에게 체포되어 신문을 받으면서, 휴식 중에 통역으로부터 이토 공이 사망했음을 듣고 성상聖像을 향해 신에게 감사했다고 하는데, 사실인가.

안중근 나는 이토가 절명했는지 어떤지 들은 일이 없다.

재판장 피고의 진술과 같이 정말 원대한 목적을 가지고 있었다고 한다면, 결행한 후 체포당하지 않도록 도주를 꾀했을 것이라고 생각했는데, 피고는 도주할 작정이었는가.

안중근 나는 예상했던 목적을 달성할 기회를 얻기 위해 거사한 것으로, 결코 도주할 생각 따위는 없었다.

재판장 권총은 자루 같은 데에 넣어 소지하고 있었는가.

안중근 아무 데도 넣지 않고 그대로 가지고 있었다.

재판장 이토 공은 부상 후 삼십 분 남짓 지나서 절명했는데, 피고는 그의 수행원이었던 가와카미 총영사와 모리 궁내대신 비서관 그리고 다나카 남만주철도주식회사 이사에게까지 부상을 입혔다. 공작 이외의 사람들에게 부상을 입힌 것에 대해서는 어떻게 생각하는가.

안중근 이토 이외의 죄가 없는 사람에게 부상을 입힌 것은 비통한 일이라고 생각한다.

안중근 의사를 공판정으로 호송하는 마차

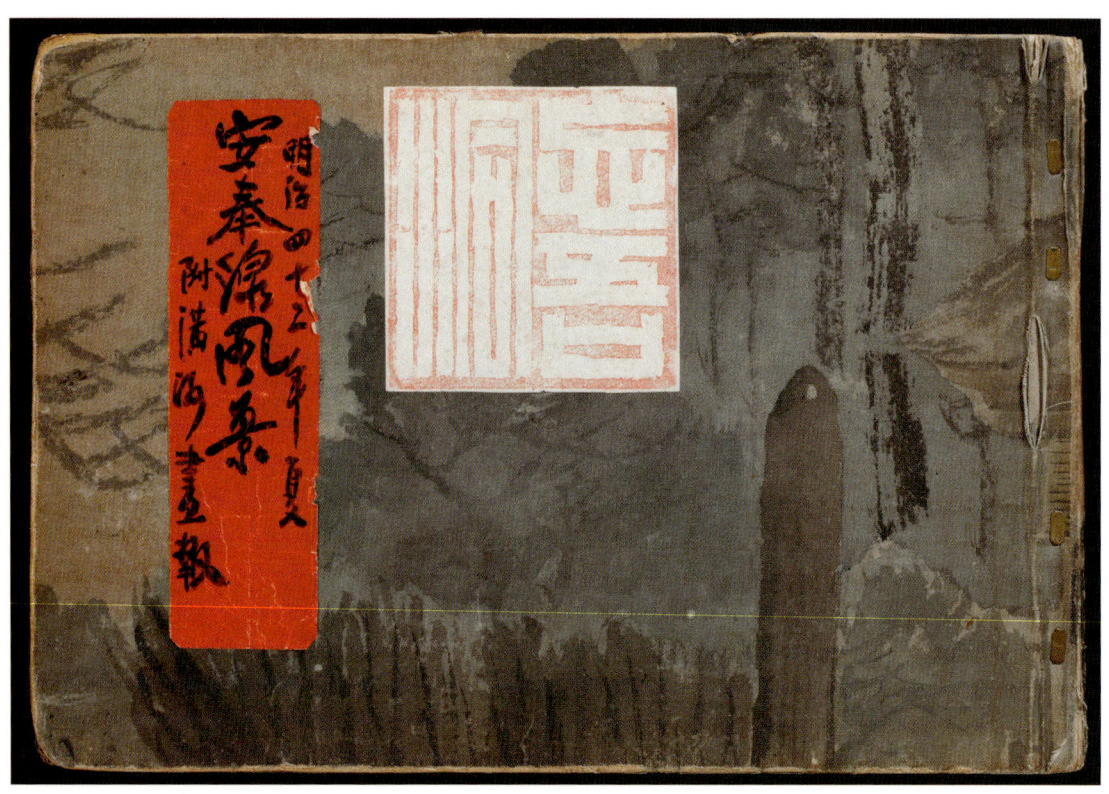

고마츠 모토코의 스케치북 표지

안 의사 재판을 취재하기 위하여 뤼순에 온 일본인 신문기자 고마츠 모토코가 남만주 풍경을 스케치하였는데 이 화첩 속에 안 의사 재판 모습이 들어 있다. 안중근의사숭모회 소장

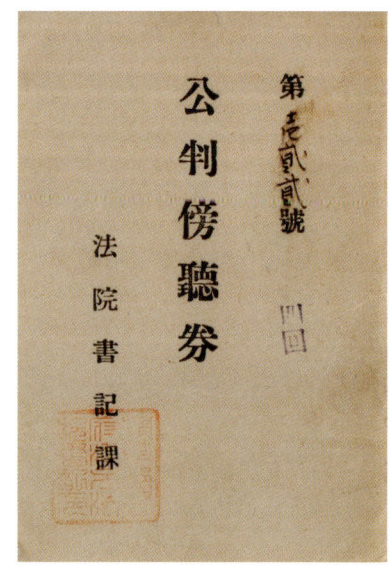

당시 고마츠 모토코 기자가 소지했던 공판 방청권
안중근의사숭모회 소장

142

호송마차와 공판 장면

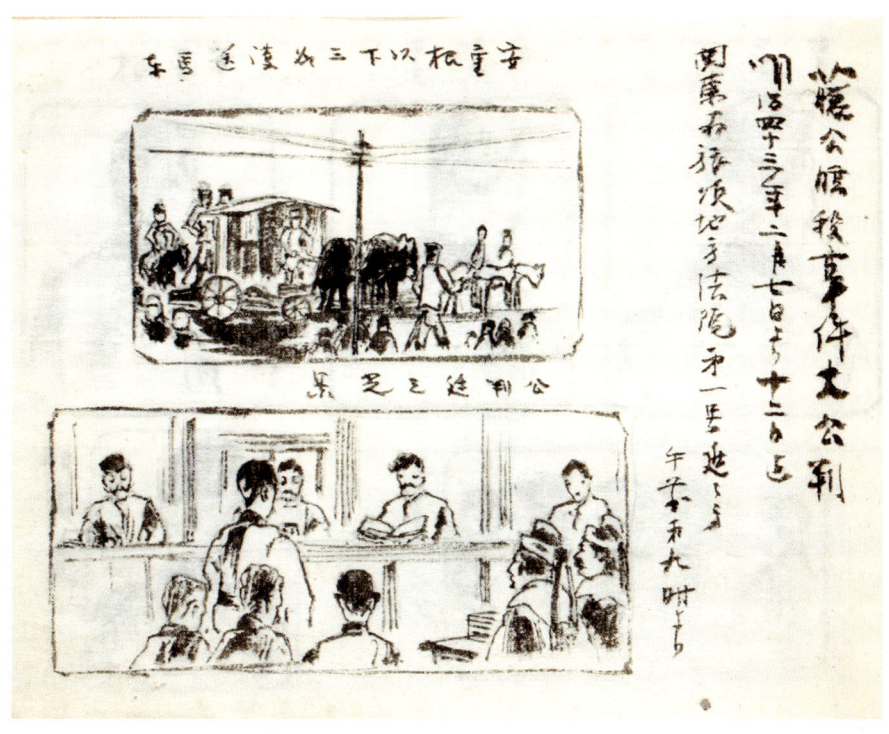

2회(2. 10) 공판 장면

안중근, 우덕순, 조도선, 유동하의 뒷모습

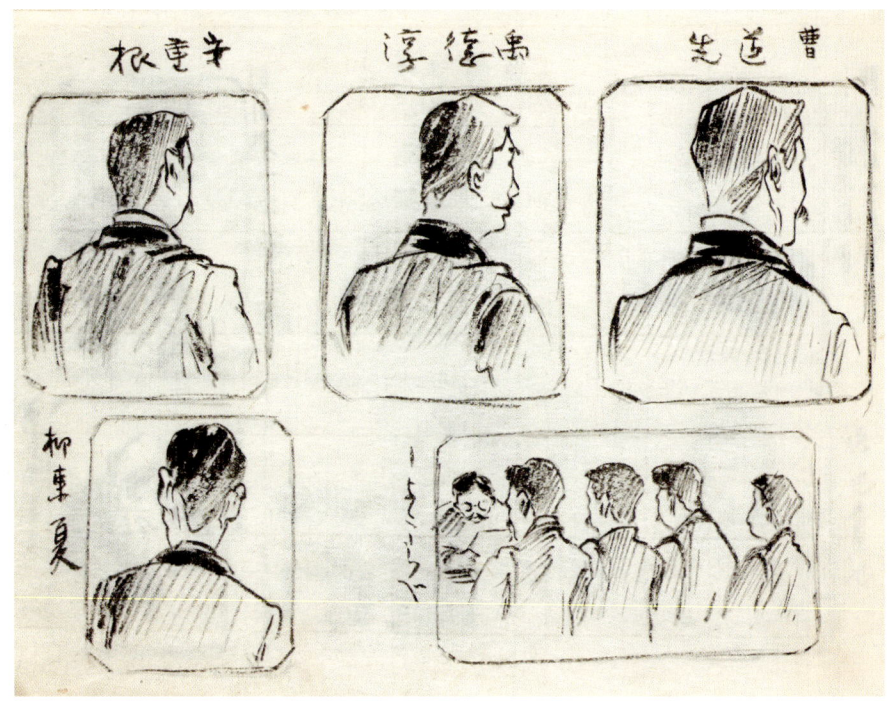

마나베 주조 재판장을 비롯한 미조부치 타카오 검사, 소노키 통역관, 미즈노·가마타 변호사, 영국인 더글러스 변호사

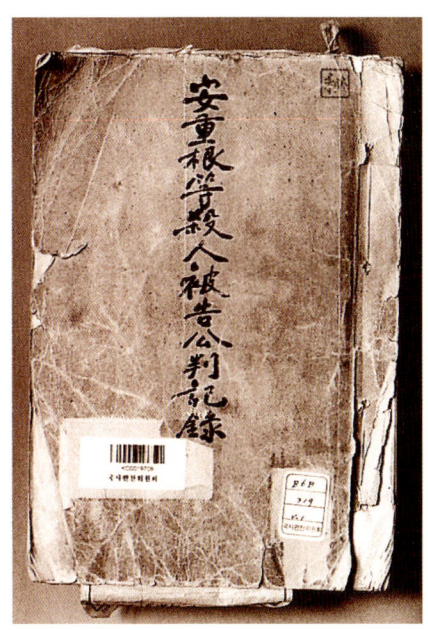
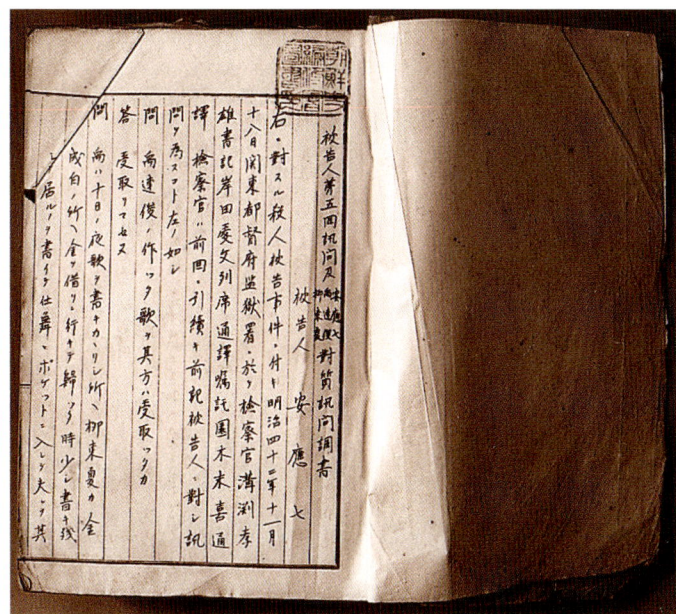

일제의 공판기록이 『안중근등살인피고공판기록(安重根等殺人被告公判記錄)』이라는 표제로 국사편찬위원회에 2책으로 필사, 편책되어 보존되고 있다.

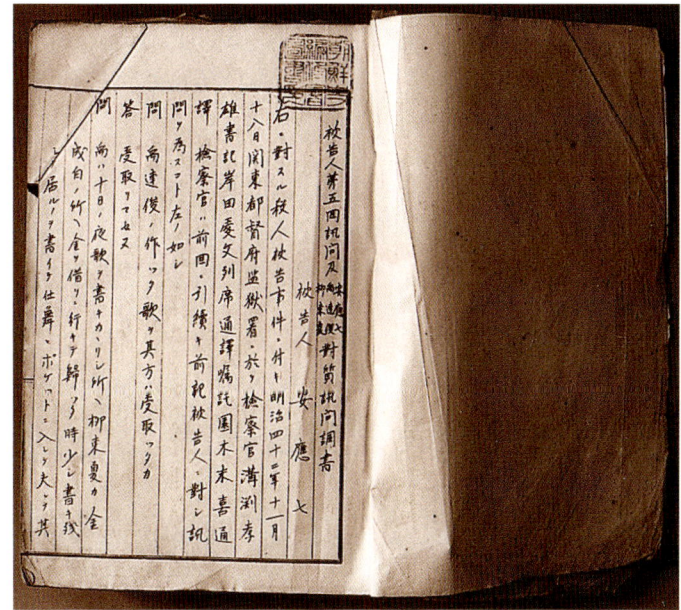

의거의 이유

내가 이토 히로부미(伊藤博文)를 죽인 것은 한국 독립전쟁의 한 부분이요, 또 내가 일본 법정에 서게 된 것은 전쟁에 패배하여 포로가 된 때문이다. 나는 개인 자격으로서 이 일을 행한 것이 아니요, 대한국 의군 참모중장의 자격으로 조국의 독립과 동양 평화를 위해서 행한 것이니 만국공법에 의하여 처리하도록 하라.

이토 히로부미의 죄상 15개조

1. 명성황후를 시해한 죄요
2. 한국 황제를 폐위시킨 죄요
3. 5조약과 7조약을 강제로 체결한 죄요
4. 무고한 한국인들을 학살한 죄요
5. 정권을 강제로 빼앗은 죄요
6. 철도, 광산, 산림, 천택(川澤)을 강제로 빼앗은 죄요
7. 제일은행권 지폐를 강제로 사용한 죄요
8. 군대를 해산시킨 죄요
9. 교육을 방해한 죄요
10. 한국인들의 외국유학을 금지시킨 죄요
11. 교과서를 압수하여 불태워 버린 죄요
12. 한국인이 일본인의 보호를 받고자 한다고 세계에 거짓말을 퍼뜨린 죄요
13. 현재 한국과 일본 사이에 경쟁이 쉬지 않고 살육이 끊이지 않는데, 한국이 태평무사한 것처럼 위로 천황을 속인 죄요
14. 동양평화를 깨뜨린 죄요
15. 일본 천황의 아버지 태황제를 죽인 죄라

『안응칠 역사』 중에 기술된 15개조의 「이토 히로부미 죄상(伊藤博文 罪狀)」

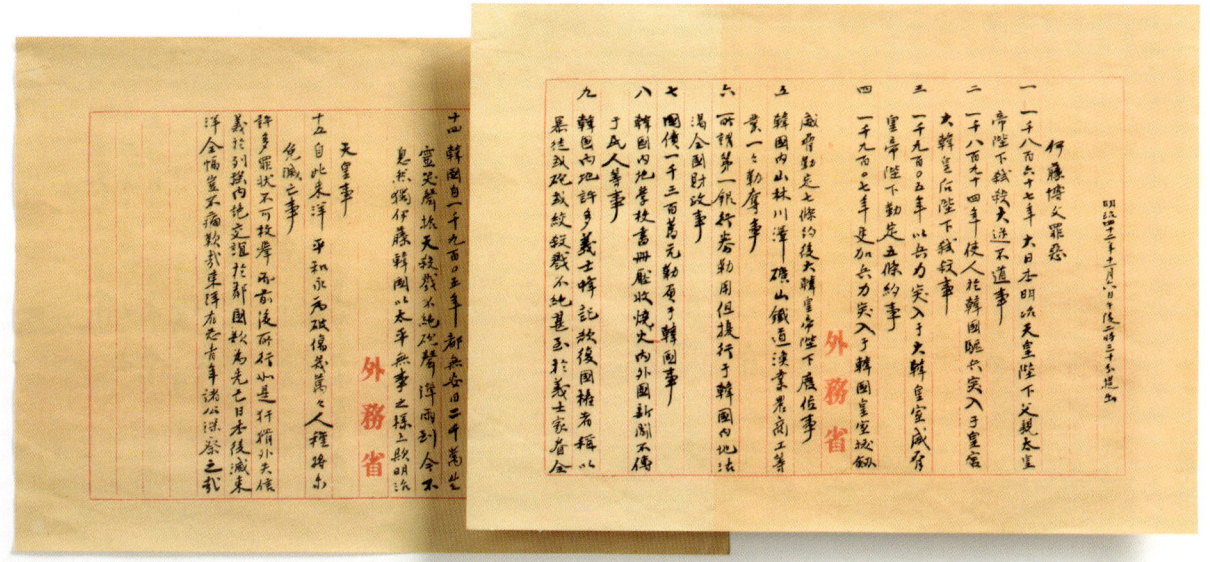

이토 히로부미의 죄악

안 의사가 『한국인 안응칠 소회』와 함께 작성한 『이토 히로부미 죄악(伊藤博文罪惡)』을 정서한 일본 외무성 문건 사형 판결문. 1910. 2. 14.

현재의 뤼순항 전경

관동도독부 민정부 청사

관동도독부
위, 만주를 강점 지배하던
일본 관동군사령부
아래, 안 의사 의거 당시에는
관동도독부 육군부라 하였다.

채포 직후의 안중근 의사

일본인 사진가가 안중근 의사를 비하할 목적으로 이 사진을 이용해 엽서를 제작·배포하였으나
의도와는 달리 불티나게 팔려 나가자 일제 당국이 판매금지 조치를 내리고 부랴부랴 엽서를 회수했다.
엽서 크기는 가로 10.5cm, 세로 17.5cm이다.

안중근 의사 사진엽서

안중근 의사의 사진과 사진엽서는 안중근 의사를 숭모하는 사람들 사이에서 급속히 퍼져나갔다.
일본은 발행을 금지하고 압수하였으나, 한국과 해외에서는 계속 제작되었다.

『한국인 안응칠 소회』

안중근 의사가 1909년 11월 6일 오후 2시 30분 옥중에서 연필로 작성한 것을 일본 외무성에서 정서하여 그들 상부에 보고한 문건이다.

한국인 안응칠 소회

하늘이 사람을 내어 세상이 모두 형제가 되었다. 각각 자유를 지켜 삶을 좋아하고 죽음을 싫어하는 것은 누구나 가진 떳떳한 정이라. 오늘날 세상 사람들은 의례히 문명한 시대라 일컫지마는 나는 홀로 그렇지 않는 것을 탄식한다. 무릇 문명이란 것은 동서양, 잘난이 못난이, 남녀노소를 물을 것 없이 각각 천부의 성품을 지키고 도덕을 숭상하여 서로 다투는 마음이 없이 제 땅에서 편안히 생업을 즐기면서 같이 태평을 누리는 그것이라. 그런데 오늘의 시대는 그렇지 못하여 이른바 상등사회의 고등인물들은 의논한다는 것이 경쟁하는 것이요, 연구한다는 것이 사람 죽이는 기계라. 그래서 동서양 육대주에 대포 연기와 탄환 빗발이 끊일 날이 없으니 어찌 개탄할 일이 아닐 것이냐. 이제 동양 대세를 말하면 비참한 현상이 더욱 심하여 참으로 기록하기 어렵다. 이른바 이토 히로부미는 천하대세를 깊이 헤아려 알지 못하고 함부로 잔혹한 정책을 써서 동양 전체가 장차 멸망을 면하지 못하게 되었다. 슬프다. 천하대세를 멀리 걱정하는 청년들이 어찌 팔장만 끼고 아무런 방책도 없이 앉아서 죽기를 기다리는 것이 옳을까 보냐. 그러므로 나는 생각다 못하여 하얼빈에서 총 한 방으로 만인이 보는 눈 앞에서 늙은 도적 이토의 죄악을 성토하여 뜻있는 동양 청년들의 정신을 일깨운 것이다.

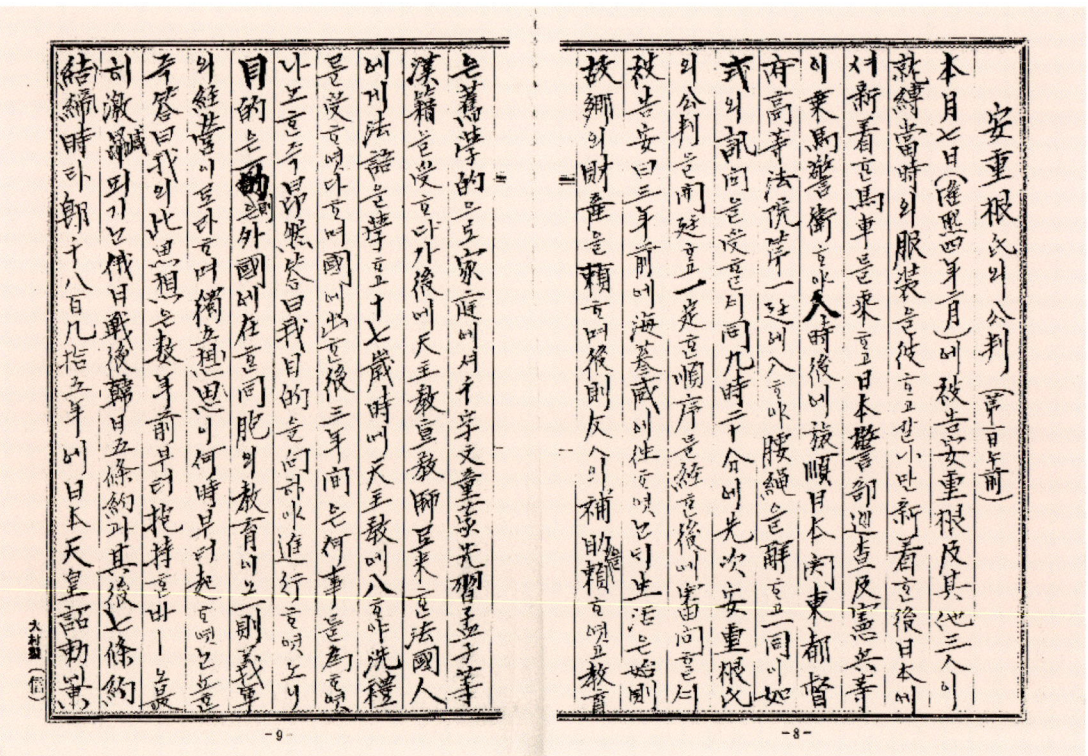

한국인 방청객이 작성한 '안중근 공판' 기록 『安重根氏公判書』, 在旅順傍聽生, 土鄉會, 1995

1994년 8월 부산 부민1동 동회사무장 박철수(朴喆守)가 발견한 『안중근씨 공판서』를 부산 향토사 연구모임인 토향회가 간행했다. 안중근 공판기록은 1910년 3월 28일 만주일일신문사에서 일본어로 발행한 단행본 『안중근사건공판속기록』이 대표적인 것이다. 그리하여 국내기관이나 학자들은 이 속기록을 번역 출판하여 안중근 연구의 기본적인 사료로 사용하여 왔다.

당시 뤼순재판소 공판정에 참석한 한국인은 변호사 안병찬, 안중근 동생인 정근, 공근, 사촌동생 명근이 전부였다는 것이 널리 알려진 사실이었다. 그러나 이 『안중근씨 공판서』는 재판에 참석한 사람이 4인이 아니라 5인이라 했고, 이름을 밝히지 않은 사람을 재뤼순방청생(在旅順傍聽生)이라고 하였다.

『안중근씨 공판서』의 표지는 한지로 되어 있는데, 앞면에는 '安重根氏公判書'라 쓰여 있고 뒷면에는 '隆熙四年月'이라 표기되어 있다. 내용을 기록한 내면지는 양면패지 10행으로 되어 있고 종이의 제조처는 '大村製 (信)'라 표기되어 있다. 책의 판형은 세로 15cm, 가로 23cm, 면수는 표시하지 않았으나 표지를 합하여 36장이다.

안중근 의사의 공판은 6회에 걸쳐 진행되었는데, 『안중근씨 공판서』의 저자는 중요하다고 생각되는 재판장과 피고들의 심문 기록만 발췌하여 서술하였다. 안중근을 비롯하여 우덕순, 조도선, 유동하에 대한 판결언도가 있은 후, 재뤼순방청생은 심문에 대한 전체적인 개요와 안중근의 대한독립과 동양평화에 대한 꿈을 실현키 위한 기본적인 방략을 명쾌하게 서술하고 있다. 현재 이 책의 원본은 부산시립박물관에 보존되어 있다.

8.
사형선고와 동양평화론

"내가 죽은 뒤에 나의 뼈를 하얼빈 공원 곁에 묻어 두었다가
우리 국권이 회복되거든 고국으로 옮겨 묻어 다오.
나는 천국에 가서도 또한 마땅히 우리나라의 회복을 위해 힘쓸 것이다.
너희들은 돌아가서 동포들에게 각각 모두 나라의 책임을 지고
국민된 의무를 다하며 마음을 같이하고 힘을 합하여
공로를 세우고 업을 이르도록 일러다오.
대한독립의 소리가 천국에 들려오면 나는 마땅히
춤추며 만세를 부를 것이다."

- 안중근 의사 최후의 유언, 뤼순 옥중에서,
  1910년 3월 9, 10일

뤼순감옥
안 의사 수감 당시의 뤼순감옥

극형 지령 전문

사형 언도 70여 일 전인 1909년 12월 2일자로 이미 관동도독부 법원에 하달된 일본 정부의 '안중근 극형' 지시 전문. 일본 고무라(小村) 외무대신이 현지 관헌에게 "일본정부에서는 안중근의 범행은 극히 중대함으로써 징악의 정신에 의하여 극형에 처함이 마땅하다고 여긴다"라고 전문으로 지령하였다.

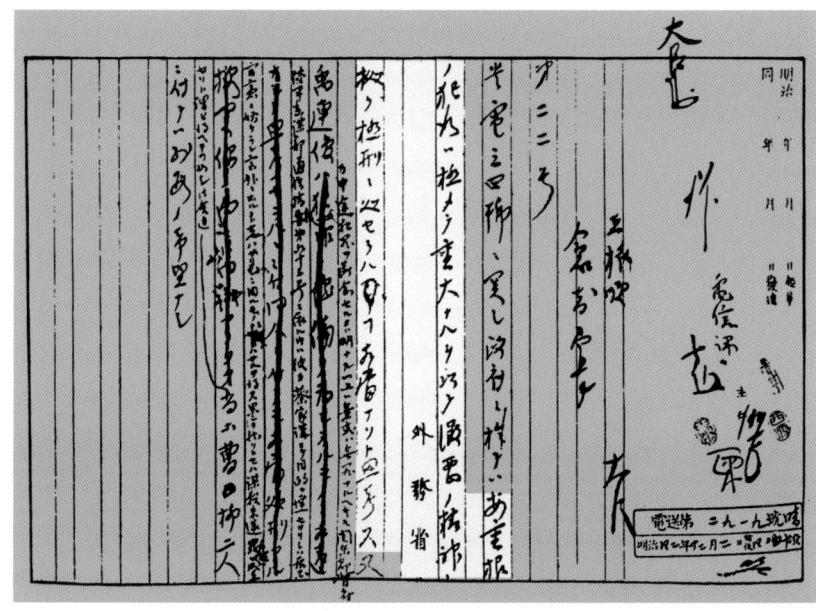

회답 전문

위의 전문 지령에 따라 뤼순 고등법원장이 안중근을 '사형'에 처하겠다고 회답한 전문

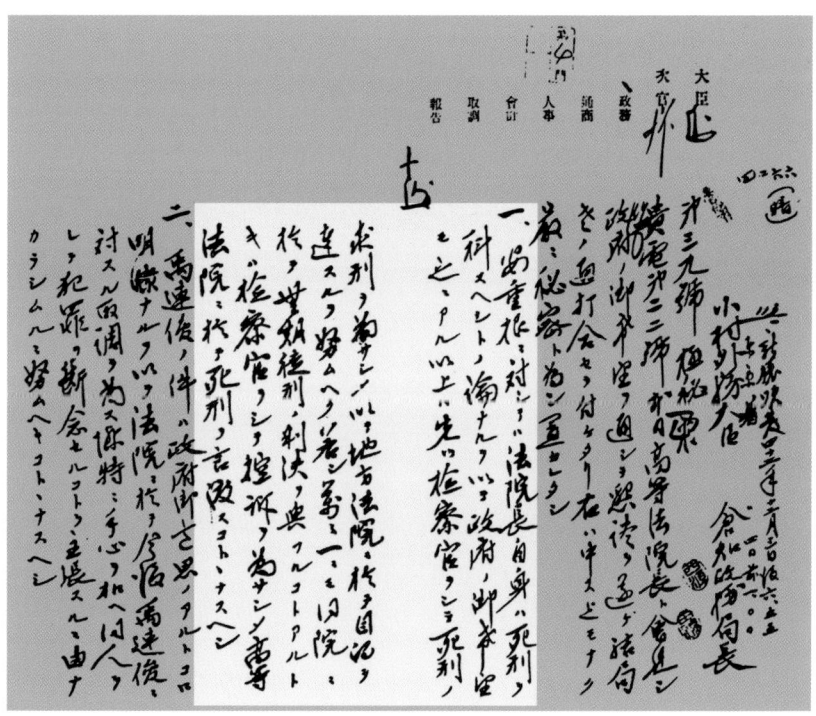

十時三十分頃此ノ死体ハ枇ニ集ノ徴兵ニ於テ
河野ラモ守棺トシテコレヲ納メ白布ヲ以テ
テ敷海車ニ運バレシカ敷ヲ其ノ共ニ姓名
名ヲ馬徳享、曹道先、劉東夏トシ
名ヲ示シテ此ヲ知ラシサメケル後一
時半ニ徴兵等、葬地ニテ埋葬ヲ此日
あノ服装及此ノ夜ナキ帰リ新本トナリ
油ノ方解服(上着ハ白寒地ニシテズホン
色ちシ方具ノ無ヲ好ラン沈者ニ黒ナ
ノ信窓自看トレノ腳ヲ其ノ死ニ配リ
尚馬車警中ニ於テ挺稿レ死ヲ貴ヲ
告言語ニ於込居定ハ君黒ト歓メ
ニ里色ナノ)ヲ看ケ聖室ヲ納メ

外務省
ノ肉侯死ノ之ハ脱稿レえマ事本
和拾ハ旅寢亡名ニ其ノ一節ニ出ラノ金
右ノ拾若修也
卿ノ設稿ラるるに至ろうキ

画源海紀
筑紫行通済全 圏水書寄

안중근 의사 '사형집행' 전말 전문 보고서

이 전문 보고서는 안 의사의 '사형집행' 직후 입회한 소노키 스에요시 통역이 작성하여 외무성에 전문으로 긴급 보고한 것이다. 이 보고서에서 구리하라 사다기치 전옥이 사형집행문을 읽고 유언의 유무를 묻자 안 의사는 다른 유언은 없으나 "나의 의거는 오로지 동양평화를 도모하려는 성심에서 한 것이니 바라건대 오늘 임검한 일본 관헌들도 다행히 나의 미충(微衷)을 양해하여 피아(彼我) 구별없이 합심협력하여 동양평화를 기필코 도모할 것을 간절히 바란다"리고 밀 하였다. 이어 안 의사는 "마지막으로 '동양평화만세(東洋平和萬歲)'를 삼창하고자 한다"라고 하였으나 전옥이 불허하면서 사형집행을 명하였다.

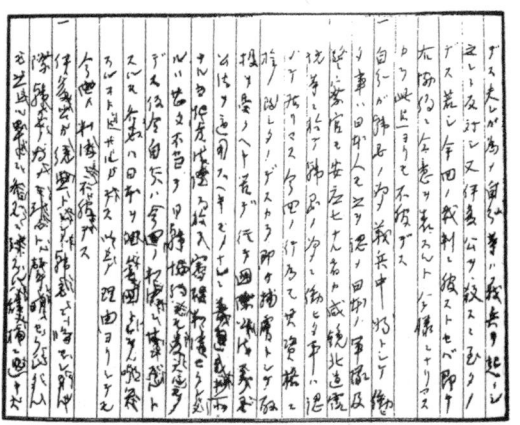
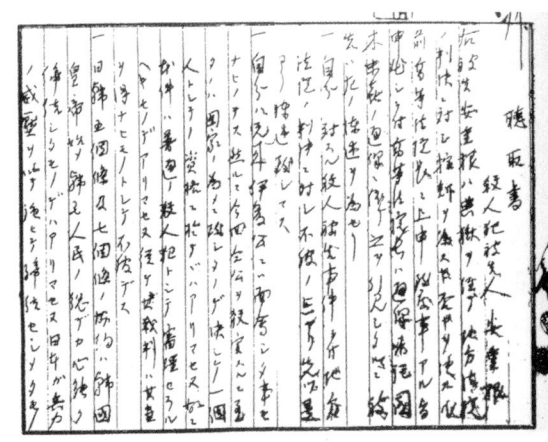
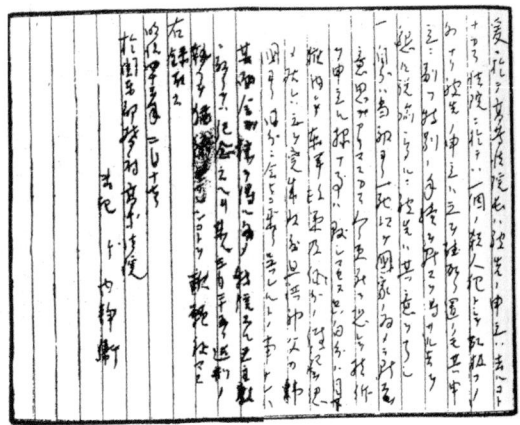
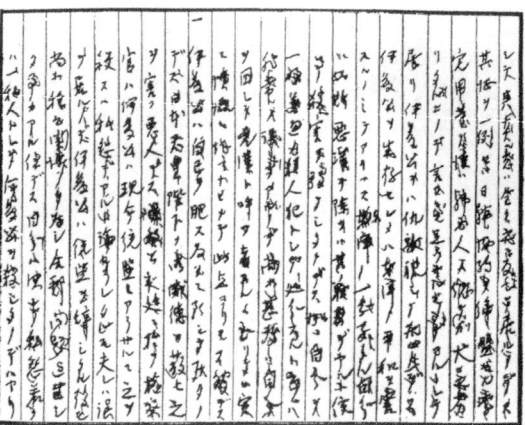

청취서

'사형' 언도 직후인 1910년 2월 17일, 안 의사와 히라이시 고등법원장의 면담 기록으로, '청취서聽取書'라고 표제되어 있다. 안 의사는 3시간에 걸쳐 '동양평화론' 등을 설파하였고, 하얼빈의거의 공적인 이유를 논리적으로 설명하였다. 안 의사는 이 자리에서 "천지가 뒤집혀짐이여, 지사가 개탄하도다. 큰 집이 장차 기울어짐이여, 한 가지 나무로 지탱하기 어렵다天地飜覆 志士慨嘆 大廈將傾 一木難支"라는 시문을 히라이시에게 써 주었다.

마지막 면회

빌렘 신부와 정근·공근 두 동생에게 유언하고 있는 안중근 의사.
뤼순 옥중에서, 1910년 3월 9-10일

동포에게 고함

내가 한국 독립을 회복하고 동양평화를 유지하기 위하여 삼 년 동안을 해외에서 풍찬노숙하다가
마침내 그 목적을 도달치 못하고 이곳에서 죽노니 우리들 이천만 형제자매는 각각 스스로 분발하여
학문을 힘쓰고 실업을 진흥하며 나의 끼친 뜻을 이어 자유독립을 회복하면 죽는 자 유한이 없겠노라.

어머님 전상서

찬미 예수님. 불초한 자식은 감히 한 말씀을 어머님 전에 올리려 합니다. 엎드려 바라옵건대 자식의 막심한 불효와 아침저녁 문안인사 못 드림을 용서하여 주시옵소서. 이 이슬과도 같은 허무한 세상에서 감정에 이기지 못하시고 이 불초자를 너무나 생각해 주시니 훗날 영원의 천당에서 만나 뵈올 것을 바라오며 또 기도하옵니다. 이 현세의 일이야말로 모두 주님의 명령에 달려 있으니 마음을 평안히 하옵기를 천만번 바라올 뿐입니다. 분도는 장차 신부가 되게 하여 주기를 희망하오며, 후일에도 잊지 마옵시고 천주께 바치도록 키워 주십시오. 이상이 대요이며, 그 밖에도 드릴 말씀은 허다하오나 후일 천당에서 기쁘게 만나 뵈온 뒤 누누이 말씀드리겠습니다. 위아래 여러분께 문안도 드리지 못하오니, 반드시 꼭 주교님을 전심으로 신앙하시어 후일 천당에서 기쁘게 만나 뵈옵겠다고 전해 주시기 바라옵니다. 이 세상의 여러 가지 일은 정근과 공근에게 들어 주시옵고, 배려를 거두시고 마음 편안히 지내시옵소서.

아들 도마 올림

분도 어머니에게 부치는 글

찬미 예수님. 우리들은 이 이슬과도 같은 허무한 세상에서 천주의 안배로 배필이 되고 다시 주님의 명으로 이제 헤어지게 되었으나 또 머지않아 주님의 은혜로 천당 영복의 땅에서 영원에 모이려 하오. 반드시 감정에 괴로워함이 없이 주님의 안배만을 믿고 신앙을 열심히 하고 어머님에게 효도를 다하고 두 동생과 화목하여 자식의 교육에 힘쓰며 세상에 처하여 심신을 평안히 하고 후세 영원의 즐거움을 바랄 뿐이오. 장남 분도를 신부가 되게 하려고 나는 마음을 결정하고 믿고 있으니 그리 알고 반드시 잊지 말고 특히 천주께 바치어 후세에 신부가 되게 하시오. 많고 많은 말을 천당에서 기쁘고 즐겁게 만나 보고 상세히 이야기할 기회가 있을 것을 믿고 또 바랄 뿐이오.

1910년 경술 2월 14일
장부 도마 올림

민 주교 전상서

찬미 예수님. 인자하신 주교께옵서는 죄인을 불쌍히 여기시고 그 죄를 용서해 주시옵소서. 그리고 죄인의 일에 관해서는 주교께 허다한 배려를 번거롭게 하여 황공하기 이를 데 없습니다. 우리 주 예수의 은혜를 입어 고백, 영성체의 비적 등 모든 성사를 받은 결과 심신이 모두 평안함을 얻었습니다. 성모의 홍은, 주교의 은혜는 이루 감사할 말씀을 다할 수 없사오며, 감히 다시 바라옵건대 죄인을 불쌍히 여기시어 주님 앞에 기도를 바쳐 속히 승천의 은혜를 얻게 하시옵기를 간절히 비옵니다. 동시에 주교님과 여러 신부님께옵서는 다 같이 일체가 되어 천주교를 위해 진력하시어 그 덕화가 날로 융성하여 머지않아 우리 한국의 허다한 외교인과 기독교인들이 일제히 천주교로 귀의하여 우리 주 예수의 자애로우신 아들이 되게 할 것을 믿고 또 축원할 따름입니다.

1910년 경술 2월 15일
죄인 안 도마 올림

홍 신부 전상서

찬미 예수님. 자애로우신 신부님이시여, 저에게 처음으로 세례를 주시고 또 최후의 그러한 장소에 수많은 노고를 불구하고 특히 와주시어 친히 모든 성사를 베풀어 주신 그 은혜야말로 어찌 다 사례를 할 수 있겠습니까. 감히 다시 바라옵건대 죄인을 잊지 마시고 주님 앞에 기도를 바쳐 주시옵고, 또 죄인이 욕되게 하는 여러 신부님과 여러 교우들에게 문안드려 주시어 모쪼록 우리가 속히 천당 영복의 땅에서 흔연히 만날 기회를 기다린다는 뜻을 전해 주시옵소서. 끝으로 자애로우신 신부님이 저를 잊지 마시기를 바라오며, 저 또한 결코 잊지 않겠습니다.

1910년 경술 2월 15일
죄인 안 도마 올림

『안응칠 역사 安應七 歷史』

대한의 영웅 안중근이 한국 침략의 원흉이며 동양평화의 교란자인, 초대 한국 통감을 지내고 일본 내각 수상을 네 번이나 역임한 이토 히로부미를 처단하고 체포되어 순국하기 전 옥중에서 집필한 전기(傳記)가 『안응칠 역사』이다.

안타깝게도 의거 100주년(2009년), 순국 100주년(2010년)을 맞이한 오늘날까지도 친필 원본이 발견되지 않고, 등사본·번역본만 알려져 있다. 안중근의 『안응칠 역사』는 안 의사가 사형언도를 받기 전날(1909년 12월 13일)부터 집필을 시작하여 이듬해 3월 15일에 탈고, 93일에 걸쳐 자신의 살아온 길을 기록한 안중근의 역사이다.

그러나 친필 원본은 일본에 의하여 공개되지 못하고 그들의 한국 지배정책의 자료로만 사용되어 왔다. 비밀은 오래가지 않아 한자로 된 원문을 일본어로 번역한 번역본과 원본을 등사한 등사본이 안 의사가 순국한 지 60년이 지난 후 세상에 알려지게 되었다.

우선 안중근 의사 재판기록과 안중근 옥중자전의 일본어 번역 등사본은 1969년 일본 도쿄의 간다 고서점에서 도쿄 국제한국연구원 최서면 원장에 의하여 발견되었고, 1978년에는 일본 나가사키에서 고미술상을 경영하던 와타나베 쇼시로 渡辺庄四郎에 의하여 알려졌다(나가사키본). 이듬해인 1979년 일본 국회도서관 헌정자료실에 보관 중인 『시치조문서 七條清美文書』에서 『안응칠 역사』와 『동양평화론』의 등사합본(시치조본)이 발견되었다.

국내에서는 1970년 안중근의사숭모회에서 일본어 등사본을 저본으로 삼아 『안중근 의사 자서전』을 간행했으며, 이어서 1979년 순한문본인 나가사키본을 저본으로 1979년에 간행했었다. 이어서 이해에 시치조문서본이 발견되어 나가사키본의 '이하 생략' 부분을 시치조본에서 보완하여 1990년 안중근의사기념관에서 『안중근 의사 자서전』으로 간행했다.

『안응칠 역사』는 문자 그대로 안중근 탄생부터 순국 전까지의 삶의 역정, 민족과 국가를 위하여 투쟁한 사실을 강물이 흘러가듯 과장이나 편견 없이 기술하고 있다.

1879년 탄생 → 1885년 청계동 이사 → 1894년 동학군 진압, 결혼 → 1897년 천주교에 귀의 → 1897-1904년 신앙생활과 선교활동 → 1905년 을사보호조약 늑결, 중국 상해 이주 계획 → 1907년 정미7조약, 군대해산, 망명 → 1908년 대한국 의군 참모중장으로 국내 진공작전 → 1909년 동의단지동맹, 하얼빈의거, 공판투쟁 → 1910년 『안응칠 역사』 탈고, 『동양평화론』 집필, 옥중 육필, 고백성사와 미사성제

32년의 짧은 인생을 오직 겨레와 나라를 위하여 살신성인한 안중근 의사의 적나라한 모습을 육필로 담아낸 『안응칠 역사』는 한국독립운동사, 나아가 한국 근대사에서 가장 정체감 있고 획기적인 기록으로 평가할 수 있다.

『안응칠 역사』(등사본 부분)

白人種之先鋒、一致大破、可謂千古稀罕事業萬邦
紀念表蹟也、時韓淸兩國有志家、不謀以同樣、表不
自勝者、日本政畧、順序就緒東西球天地筆利後來
一等豪傑之大事業、快建之樣、自復矣、千千萬々
料外、勝敗之後、最親仁弱同種韓國靭壓
定約滿洲長春以南北偹皮在坂世界一般人腦疑
雲忽起、日本之偉大聲名正大勲一朝変遷欠芭
虒蜜行之露國也、嗚呼以蛇狐之行動東如此誰
行動東如此誰會更求何得何瘡、丁瘡也
一等鸎傑之大事業、快建之樣、自復矣、千々萬々
王旅東弾丁不、韓國獨立之句驗已經過矣、天下萬
國人立耳目、信如金瓦、韓淸兩國人、擦拿於肵脛看一
矣如此之文字思愚雖天神之能力、卒難有滅況一

二個人智謀豈能抹殺耶、現今西勢東漸之禍患東
洋人種一致團結、極力防偹可為第一上策、雖尺童
瞭知者也、而何故、日本如此順然之勢、不顧同
種勝敗剝自作許斷之勢、若待蚌鷸之勢、漁人耶、
韓淸兩國人之、所望大絕且所矣、若政畧不改過
日甚則、不得已於其旗、不忍要厚放同種、戯轉
蹄出放韓淸兩國人之、肺肺上下一體、身為白人之
前馳、明若觀火之勢矣、然則東洋億兆黄人種之
宵三、宣宄猗犹可乎、故東洋平和意闊伏於咤兩
許々有志家憤慨男兒、豈肯袖手傍觀坐待東洋一
場慘恠口俟耶、故東洋平和問題、意見提出
諸公眼深察哉

一千九百十年庚戌二月
大韓國人安重根書于旅順獄中

『동양평화론(東洋平和論)』(등사본 부분)

안 의사는 뤼순감옥에서 『안응칠 역사』에 이어 이 저술을 집필하기 시작하였으나 『서(序)』와 『전감 일(前鑑 一)』 일부분만 쓰고, 나머지 『현상 이(現狀 二)』 『복선 삼(伏線 三)』 『문답 사(問答 四)』는 목차만 제시하고 미완인 채 순국하였다.

안중근 의사 '사형집행'에 관한 기사 전문, 『경향신문』, 1910년 4월 1일자.

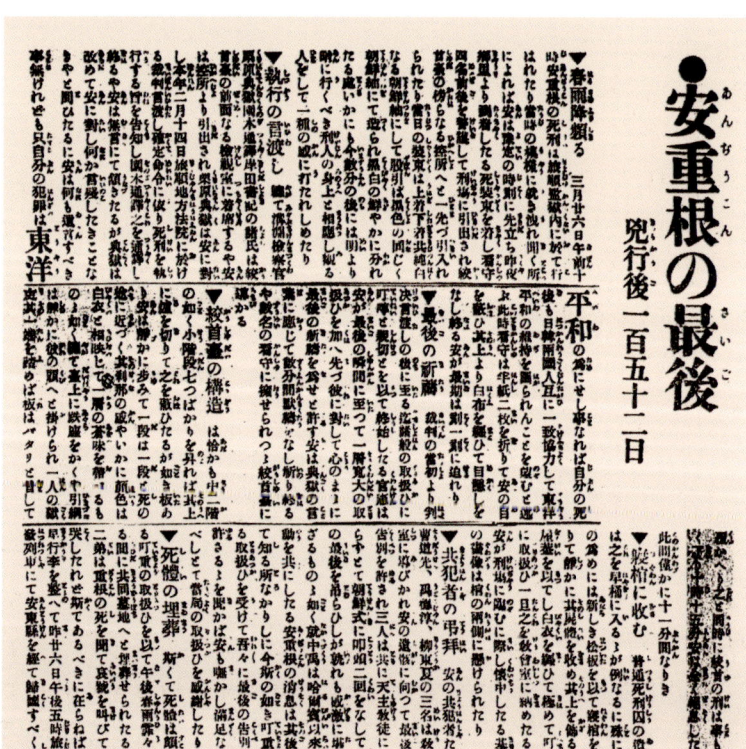

안중근 의사 '사형집행'의 전말을 보도한 1910년 3월 27일자 『만주일일신문』 기사

안중근 의사의 최후

『만주일일신문』기사, 1910년 3월 27일자

　부슬비가 내리는 1910년 3월 26일 오전 10시, 안중근의 사형은 뤼순감옥에서 행해졌다. 안은 전날 밤 고향에서 보내온 옷을 입고 예정된 시간보다 일찍 간수 4명의 경호를 받으며 형장으로 불려나와 교수대 옆에 있는 대기실로 갔다. 당일 입은 옷은 상하의 모두 한국에서 만든 명주옷이었다. 저고리는 흰색이고 바지는 검은색이어서 흑백의 분명한 대조가 아무래도 수분 후면 밝은 데서 어두운 곳으로 갈 수밖에 없는 수인의 운명과 같아 보는 이로 하여금 일종의 감개를 느끼게 했다.

　집행을 언도하고 드디어 미조부치(溝淵) 검찰관, 구리하라(栗原) 전옥형무소장, 소노키 통역, 기시다(岸田) 서기가 교수대 앞에 있는 검시실(檢屍室)에 착석하자 안이 대기실에서 끌려 나왔다. 구리하라 전옥은 안에게 "금년 2월 24일 뤼순 지방 법원의 언도와 확정명령에 따라 사형을 집행하겠다"는 뜻을 전했다.

　소노키의 통역이 끝나자 안은 아무 말 없이 고개를 끄덕였으나 구리하라 전옥은 다시 한 번 안에게 "뭔가 남길 말이 없느냐"라고 물었다. 안은 "아무것도 남길 유언은 없으나 다만 내가 한 이토 히로부미 사살은 동양평화를 위해 한 것이므로 일한 양국인이 서로 일치협력해서 동양평화의 유지를 도모할 것을 바란다"라고 말했다. 그러자 간수가 반 장짜리 종이 두 장을 접어 안의 눈을 가리고 그 위에 흰 천을 씌웠다. 안의 최후가 일각일각 다가왔다.

　재판 당초부터 언도 이후까지 안을 정중하고 친절하게 대했던 관헌은 안이 최후의 순간을 맞을 때는 마음껏 최후의 기도를 하도록 허락했다. 안은 전옥의 말에 따라 수분간 묵도를 했고 기도가 끝나자 수명의 간수에 둘러싸여 교수대로 향했다. 교수대의 구조는 마치 2층집 같아서 작은 계단 7개를 올라가면 화로방 같은 것이 있는데 안은 조용히 걸어서 한 계단 한 계단 죽음의 길로 다가갔다. 그때의 감정이나 얼굴색은 흰옷과 어우러져 더욱 창백했다. 드디어 안이 교수대 위에 책상다리를 하고 앉자 옥리 한 명이 그의 목에 밧줄을 감고 교수대 한쪽을 밟으니 바닥이 '쾅당' 소리를 내며 떨어졌다. 10시 15분 안은 완전히 절명했다. 거기까지 걸린 시간은 불과 11분이었다.

　보통 사형수의 유해는 좌관(座棺)에 넣은 것이 관례였으나 특별히 안을 위해서는 새롭게 송판으로 침관(寢棺)을 만들어 시체를 넣고 그 위를 흰 천으로 씌워 매우 정중하게 취급했다. 일단 이 관을 교회실에 넣고 안이 형장에 갈 때 품고 있던 예수의 상은 관 양쪽에 걸었다.

　일본 정부는 대개 수인들의 유해를 둥근 통 모양의 나무관에 구부정하게 세운 자세로 안치한 후 봉분 없이 매장했으며, 일부는 관 1개에 두 명씩 넣기도 하였다.

　안의 공범자인 조도선(曺道先), 우덕순(禹德淳), 유동하(劉東夏) 등 세 명은 교회실로 불려 와 안의 유해를 향한 최후의 고별을 허가받았다. 세 사람은 모두 천주교인이 아니어서 조선식으로 두 번 절을 하며 안의 최후를 조문했다. 그들은 모두 감격한 듯했고, 그중에서 우덕순은 하얼빈 이후 안중근의 소식이 끊겼는데 최후의 고별을 하게 돼 안도 만족할 것이라며 당국의 배려에 감사했다.

　이리하여 시체는 매우 정중한 취급을 받으며 오후, 부슬비가 내리는 가운데 공동묘지에 묻혔다. 두 동생은 안중근의 죽음을 듣고 "아이고"라고 외치며 통곡했다. 그들은 시신을 돌려 달라고 했으나 안 된다는 말에 서둘러 떠날 채비를 해서 26일 오후 5시 뤼순발 열차로 안동현을 거쳐 귀국길에 올랐다.

안중근 의사의 순국을 애도하는 해외언론 기사. 『신한민보』 1910년 3월 30일자

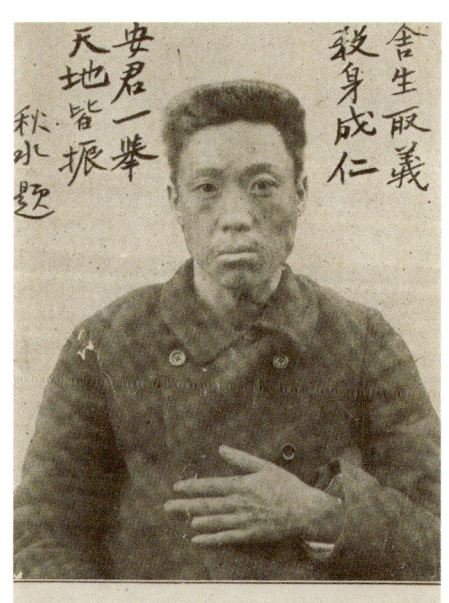

舍生取義 목숨을 버려 의로움(義)을 취하고
殺身成仁 자신을 죽여 인(仁)을 이루었네.
安君一擧 안중근의 일거에
天地皆振 온 천지가 들썩이네.

일본 천황제를 반대한 사상가 고토쿠 슈스이幸德秋水의 헌시를 넣은 안중근 의사 사진(메이지가쿠인대학 도서관 소장)

순국 직전의 안중근 의사

안중근 의사와 이토 히로부미가 함께 담긴 사진엽서(이상현 소장)

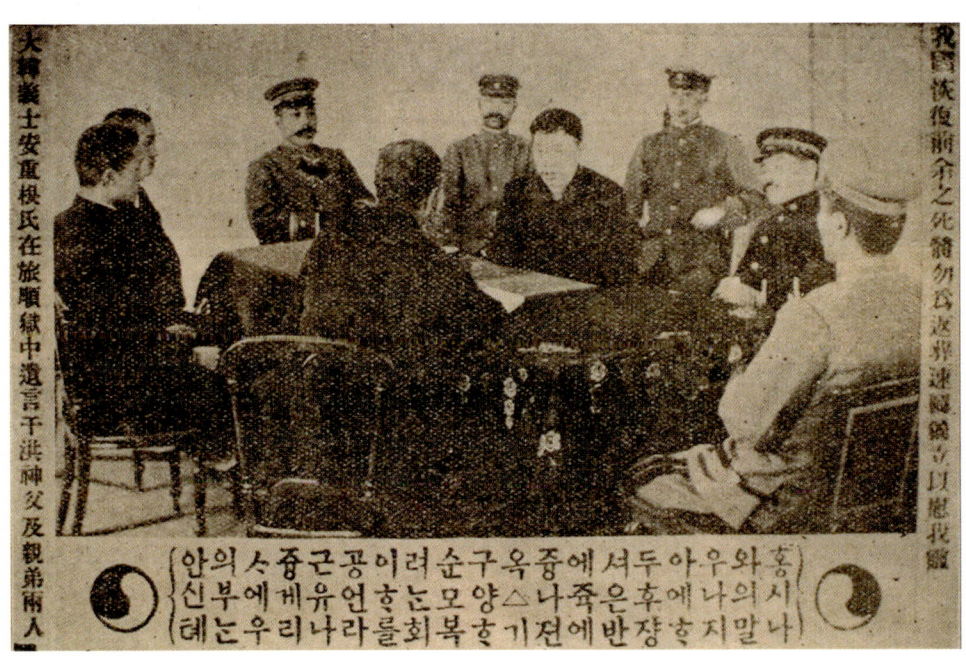

뤼순감옥에서 두 아우와 빌렘 신부를 면회하는 모습이 담긴 사진엽서

서울 효창원 묘역의 안중근 의사 가묘

조린 공원(옛 하얼빈 공원) 안에 있는 청초당 유묵 석비

9.
유묵과 어록

옥중 육필

1910년 2월 14일 사형언도를 받은 안중근은 순국한 3월 26일까지
200여 점(박은식, 『조선통사』)의 유묵을 남겼다.
현재 이들 유묵 중 알려진 것은 62점이고,
국가 보물로 지정된 것이 31점이다.

안중근의 옥중 유묵

글씨는 그 사람 인격의 결정체로서 수양을 통해서 나타난 정기精氣가 서려 있다. 글씨가 살아 움직인다는 유기체설은 현재도 생명력이 있는 이론이다.

한국 서예사에 있어서 대표적인 서예가들은 많다. 신품4현이라 불렸던 김생, 유신, 탄연, 최우가 유명한 서예가였으며, 근현대에 들어와서는 추사 김정희, 위창 오세창, 소전 손재형, 일중 김충현을 꼽을 수 있다. 그러나 해주 안중근만 한 특이한 인물은 찾아볼 수 없다.

안중근은 항일 독립운동가로 의사, 협객, 대장부, 영웅, 장군이라는 호칭을 가지고 있었을 뿐만 아니라 교육가, 실업인, 사상가, 신앙인이었다. 더욱이 그는 서예가로서의 면모를 갖춘 대한국인이었다.

일반적으로 안중근의 글씨를 중국 당나라 안진경의 글씨체라고 하지만 그보다는 자기만의 독특한 서체를 개발하여 사용했으니 그의 필체를 해주체海州體 또는 중근체重根體라고 할 수 있다.

중근체는 첫째, 생동감이 넘친다. 글씨 한 획 한 획마다 힘이 넘치고 활기에 차 있다 둘째, 죽음을 앞에 둔 상황에서 흔들림 없이 고요한 마음에서 우러나온 글씨였다. 셋째, 풍부한 고전을 구사하여 경敬의 경지에 이르고 있다. 넷째, 글씨의 내용과 자체에 모두 나라 사랑하는 마음과 평화를 갈구하는 뜻이 담겨 있다. 다섯째, 해주체는 안중근의 지식과 학문이 담겨 있고 성격과 사상이 농축된 안중근 그 자체였다고 할 수 있다.

해주체의 옥중 육필은 200여 점(박은식, 『한국통사』)이라고 알려져 있지만 현재까지 확인된 것은 62점이다. 이중 국가보물로 지정된 것이 31점이고 나머지 36점 중 5점인 '연지硯池' '국파산하재國破山河在' '천지번복 지사개탄 대하장경 일목난지天地飜覆 志士慨嘆 大廈將傾 一木難支' '인심유위 도심유미人心惟危 道心惟微'는 기록은 있으나 실물 또는 사진본으로 발견되지 않은 것이고, 1점인 '등고자비 행원자이登高自卑 行遠自邇'는 진위가 의심스럽다. 나머지 30점은 한국, 일본, 중국의 기관 또는 개인이 소장하고 있다.

안중근의 옥중 육필이 지닌 몇 가지 특징은 첫째, 1910년 2-3월 사이에 집중적으로 쓰였다는 것이다. 1910년 2월 14일 사형선고를 받은 뒤부터 순국한 3월 26일 사이에 썼다는 것을 각기 유묵 좌편에 쓰여 있는 '庚戌 三月' 또는 '二月 旅順獄中 大韓國人 安重根'이라는 글귀로 알 수 있다. 둘째, 모든 유묵 왼쪽에는 기간 밑에 단지동맹 때 자른 왼손의 장인掌印이 찍혀 있다. 셋째, 옥중 육필을 받은 인물들은 일본인들로 뤼순감옥 전옥을 비롯하여 간수, 형사, 검찰관, 통역, 판사, 세무관, 교사, 교화승 등 그 신분계층이 다양하였다. 넷째, 중국의 사서삼경을 비롯하여 고전 중에서 나라를 구하고 동양의 평화를 기원하는 내용을 주로 인용, 애국정신과 평화사상을 고창하였다. 다섯째, 사생관을 초월하여 자유분방한 조선 선비의 모습을 나타내고 있다.

이상과 같이 안중근의 옥중 육필은 '그 글씨가 그 사람과 같다'는 비유에 바로 들어맞는 안중근 그 자체라고 할 수 있다.

1) 보물로 지정된 유묵 31점

1. 백인당중유태화 보물 제569-1호

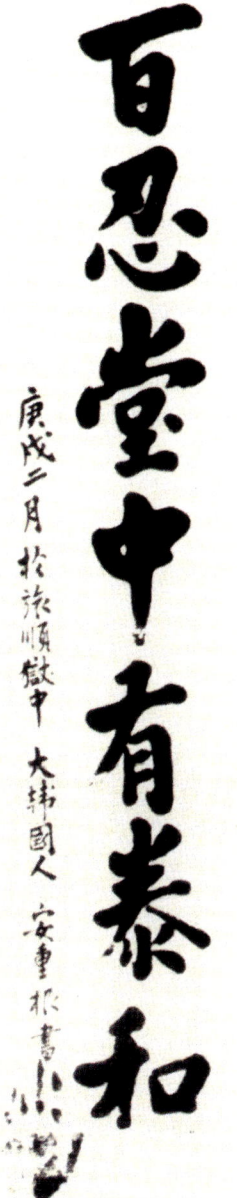

百忍堂中有泰和

백 번 참는 집안에 태평과 화목이 있다.

중국 북제 고종이 내려준 운주 장공예(張公藝)의 9대가 한집에 화목하게 사는 것을 칭찬하며 지어 준 글이다.

137.4㎝×33.2㎝,
강석주 소장,
보물 지정일: 1972. 8. 16.

2. 일일부독서 구중생형극 보물 제569-2호

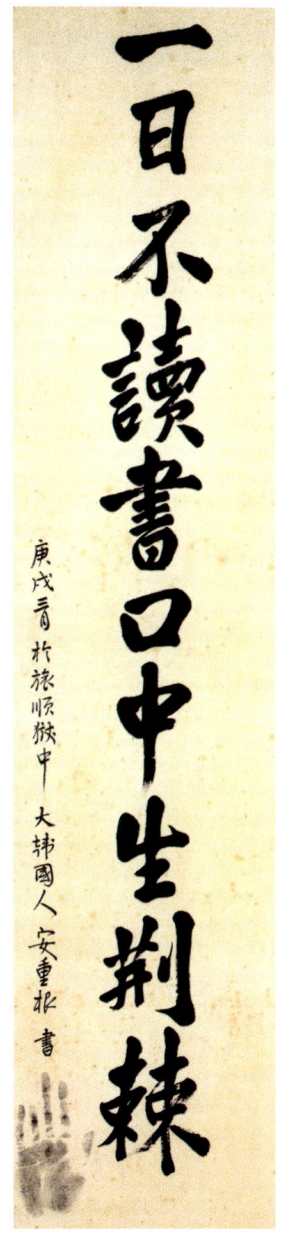

一日不讀書 口中生荊棘

하루라도 글을 읽지 않으면 입안에 가시가 돋친다.

148.4㎝×35.2㎝,
동국대학교박물관 소장,
보물 지정일: 1972. 8. 16.

3. 연년세세화상사 세세년년인부동 보물 제569-3호

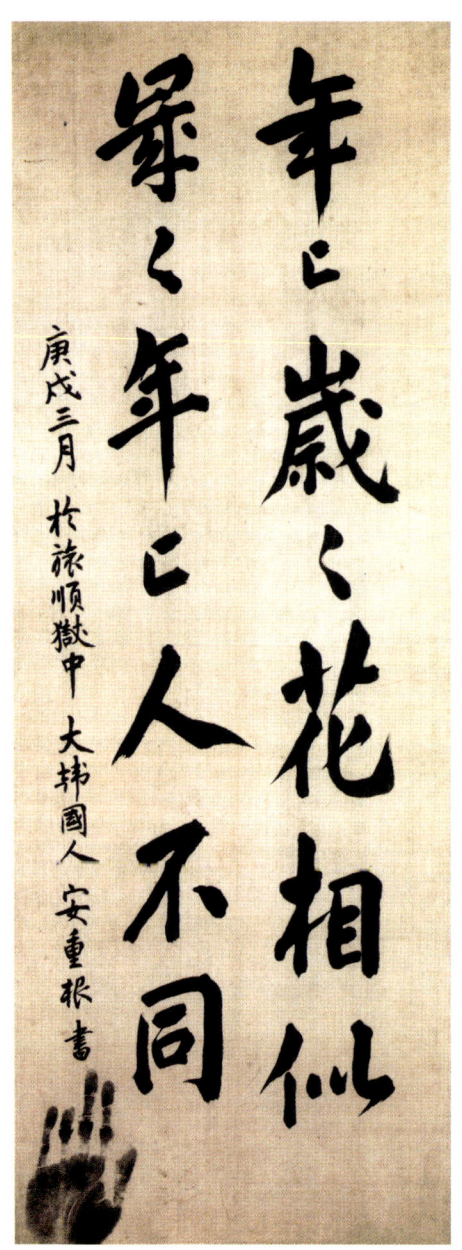

年年歲歲花相似
歲歲年年人不同

해마다 계절 따라 같은 꽃이 피건만
해마다 만나는 사람들은 같지 않네.

109.3㎝×41㎝,
리움미술관 소장,
보물 지정일: 1972. 8. 16.

4. 치악의악식자 부족여의
보물 제569-4호(지정해제)

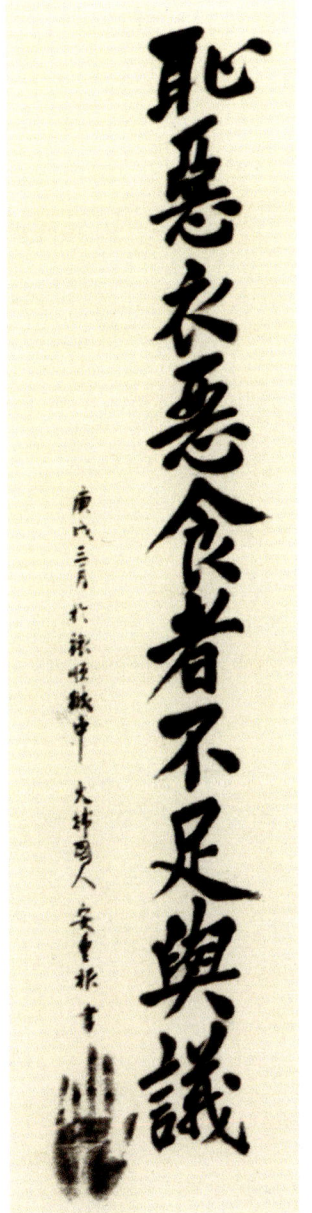

恥惡衣惡食者
不足與議

궂은 옷, 궂은 밥을
부끄러워하는 자는
더불어 의논할 수
없다.

『논어』이인(里仁)편에서
인용

130.5㎝×31㎝,
소재 불명
보물 지정일: 1972. 8. 16.
보물 지정 해제: 2013.

5. 동양대세사묘현 유지남아기안면
화국미성유강개 정략불개진가련
보물 제569-2호

東洋大勢思杳玄
有志男兒豈安眠
和局未成猶慷慨
政略不改眞可憐

동양대세 생각하매
아득하고 어둡거니
뜻있는 사나이 편한
잠을 어이 자리,
평화시국 못 이룸이
이리도 슬픈지고
정략(침략전쟁)을
고치지 않으니
참 가엾도다.

138.5㎝×36㎝,
원 김양선 목사가 소장하던
것으로 숭실대학교
한국기독교박물관에 기증,
보물 지정일: 1972. 8. 16.

6. 견리사의 견위수명 보물 제569-6호

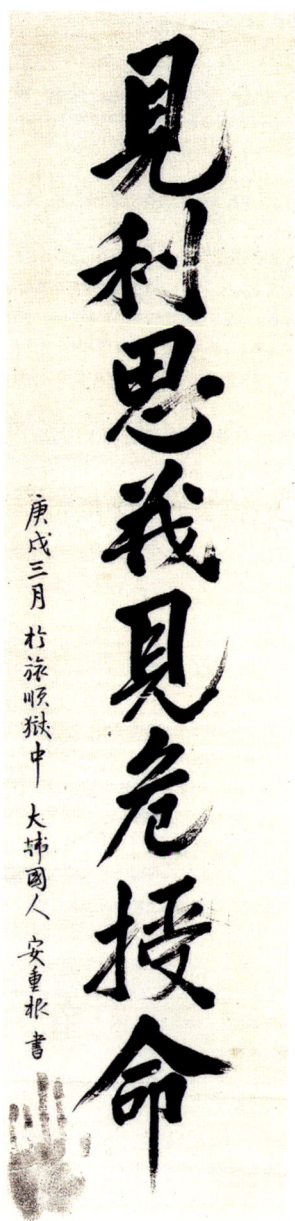

見利思義 見危授命

이익을 보거든
정의를 생각하고,
위태로움을 보거든
목숨을 바쳐라.

『논어』 헌문(憲問)편에서
인용

140.8㎝×30.6㎝,
동아대학교박물관 소장,
보물 지정일: 1972. 8. 16.

7. 용공난용 연포기재 보물 제569-7호

庸工難用 連抱奇材

서투른 목수는
아름드리 큰 재목을
쓰기 어렵다.

『통감(通鑑)』에 자사(子思)가
위왕(魏王)에게 말한
내용에서 인용

137.4㎝×33.4㎝,
국립중앙박물관 소장,
보물 지정일: 1972. 8. 16.

8. 인무원려 난성대업 보물 제569-8호

人無遠慮 難成大業

사람이 멀리 생각지
못하면 큰일을
이루기 어렵다.

『논어』 헌문(憲問)편에서
인용

135.8cm×33.5cm,
숭실대학교
한국기독교박물관 소장,
보물 지정일: 1972. 8. 16.

9. 오로봉위필 삼상작연지
청천일장지 사아복중시 보물 제569-9호

五老峯爲筆 三湘作硯池
靑天一丈紙 寫我腹中詩

오로봉으로 붓을 삼고
삼상의 물로 먹을 갈아
푸른 하늘 한 장 종이
삼아 뱃속에 담긴
시를 쓰련다.

138.4cm×31.8cm,
홍익대학교 박물관 소장,
보물 지정일: 1972. 8. 16.

10. 세한연후 지송백지부조 보물 제569-10호

11. 사군천리 망안욕천 이표촌성 행물부정
보물 제569-11호

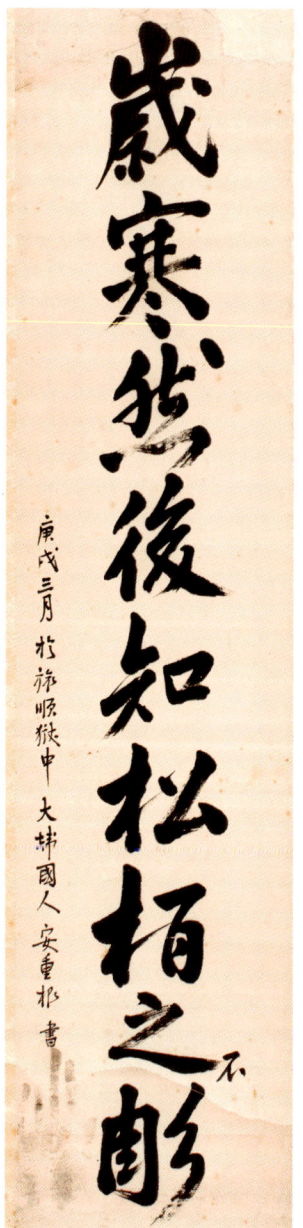

歲寒然後
知松栢之不彫

날이 추워진 후에야
소나무와 측백나무가
시들지 않음을 알게
된다.

『논어』자한(子罕)편에
나오는 공자의 말에서 인용

133.6cm×30.6cm,
안중근 의사 자부 정옥녀 기증,
안중근의사숭모회 소장,
보물 지정일: 1972. 8. 16.

思君千里 望眼欲穿
以表寸誠 幸勿負情

그대 생각 천 리 길에
바라보는 눈이
뚫어질 듯하오이다.
이로써 작은 정성을
바치오니 행여 이 정을
저버리지 마소서.

138cm×33.5cm,
오영욱 소장,
보물 지정일: 1972. 8. 16.

12. 장부수사심여철 의사림위기사운
보물 제569-12호

丈夫雖死心如鐵
義士臨危氣似雲

장부가 비록
죽을지라도
마음은 쇠와 같고
의사는 위태로움에
이를지라도 그 기풍은
구름 같도다.

135.4㎝×31.7㎝,
숭실대학교
한국기독교박물관 소장,
보물 지정일: 1972. 8. 16.

13. 박학어문 약지이례 보물 제569-13호

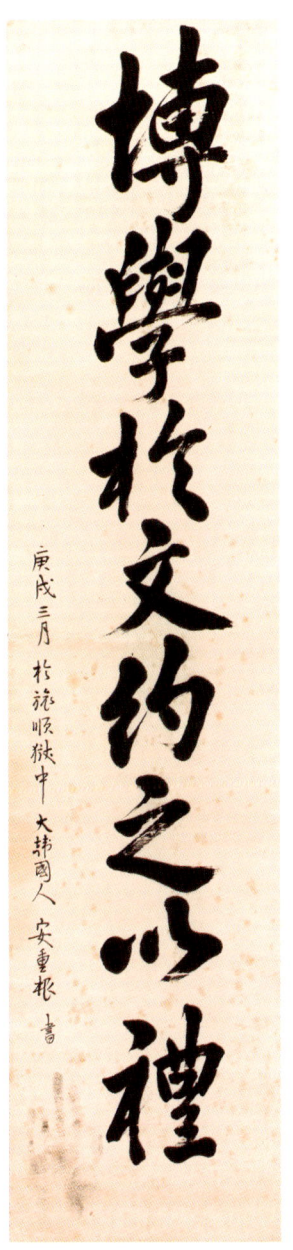

博學於文 約之以禮

널리 글을 배우고 예법
으로 몸단속을 한다.
『논어』옹야(雍也)편에서
공자가 한 말이다.

137.4㎝×33㎝,
안중근의사숭모회 소장,
보물 지정일: 1972. 8. 16.

14. 제일강산 보물 제569-14호

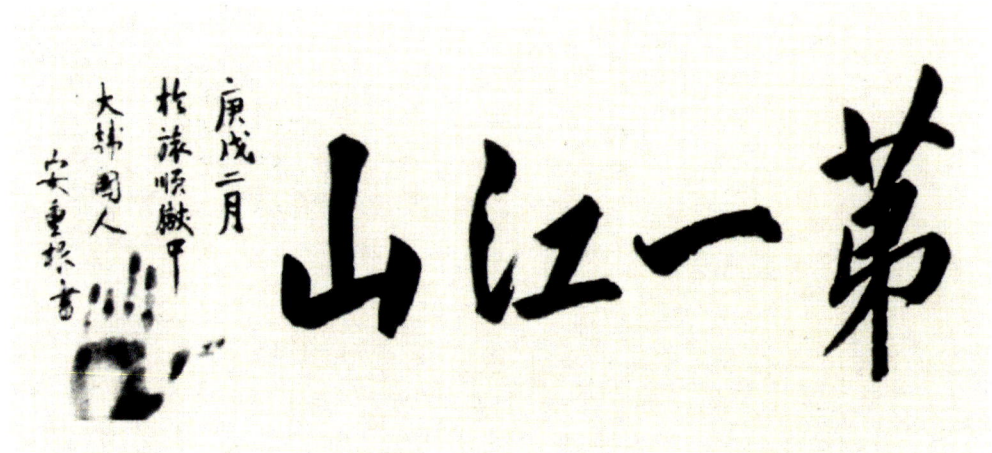

38.6cm×96.6cm, 숭실대학교 한국기독교박물관 소장, 보물 지정일: 1972. 8. 16.

15. 청초당 보물 제569-15호

37.6cm×67cm, 해군사관학교박물관 소장, 보물 지정일: 1972. 8. 16.

16. 고막고어자시 보물 제569-16호

孤莫孤於自恃 스스로 잘난 척하는 것보다 더 외로운 것은 없다.

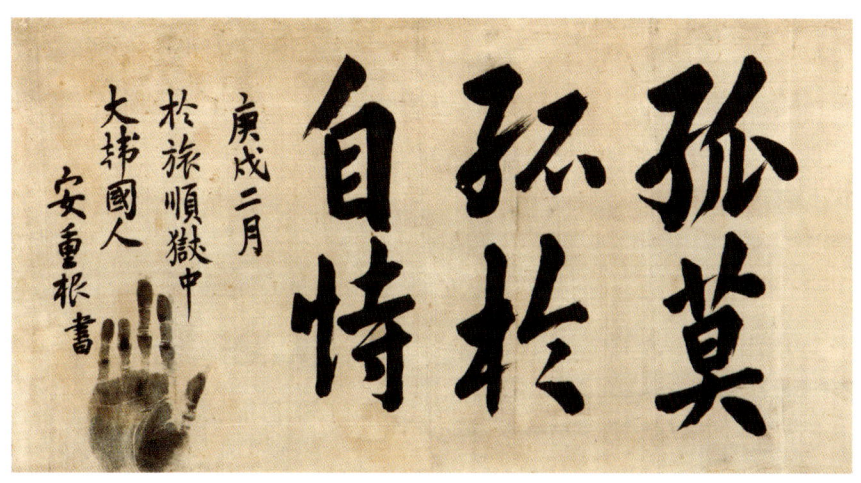

39.7㎝×74.9㎝, 남화진 소장, 보물 지정일: 1972. 8. 16.

17. 인지당 보물 제569-17호

仁智堂 어질고 지혜로워야 한다는 뜻의 당호

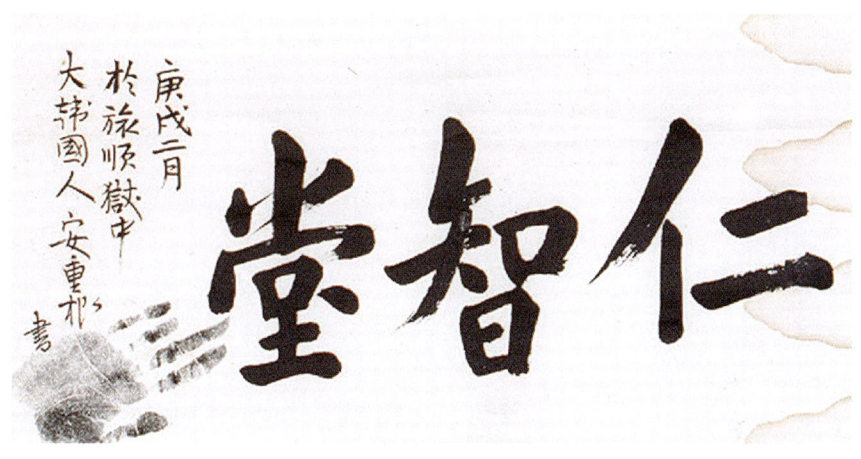

37.6㎝×67㎝, 리움미술관 소장, 보물 지정일: 1972. 8. 16.

18. 인내 보물 제569-18호

26.8㎝×72.1㎝, 김신화 소장, 보물 지정일: 1972. 8. 16.

19. 극락 보물 제569-19호

33.2㎝×68.2㎝, 안중근의사숭모회 소장, 보물 지정일: 1972. 8. 16.

20. 운재 보물 제569-20호

32.8㎝×67.8㎝, 안중근의사숭모회 소장, 보물 지정일: 1972. 8. 16.

21. 욕보동양 선개정략 시과실기 추회하급 보물 제569-21호

欲保東洋 先改政略 時過失機 追悔何及
동양을 보호하려면 먼저 정략을 고쳐야 한다.
때를 놓쳐 실기하면 후회한들 무엇하리오.

136.5㎝×34㎝,
단국대학교 석주선기념박물관 소장,
보물 지정일: 1991. 7. 12.

22. 국가안위 노심초사 보물 제569-22호

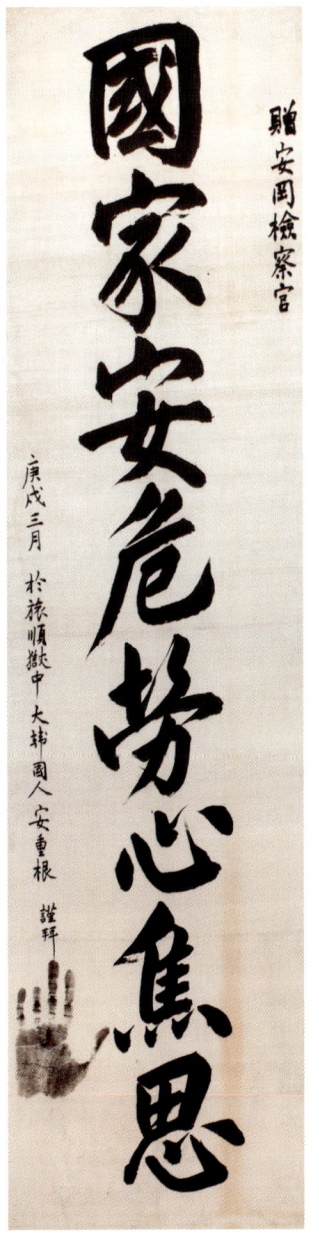

國家安危 勞心焦思

국가의 안위를 걱정하고 애태운다.

유묵 오른쪽에 증(贈) 안강(安岡) 검찰관이라 쓰여 있다.

이는 친절하게 대해 준 당시 뤼순 법원 검찰관 야스오카에게 증정한 것이다. 야스오카 사후 장녀 우에노(上野)가 소장하다가 1976년 도쿄 국제한국연구원을 거쳐 남산 안중근의사숭모회에 기증했다.

149.3㎝×38.5㎝,
안중근의사숭모회 소장,
보물 지정일: 1993. 1. 15.

23. 위국헌신 군인본분 보물 제569-23호

爲國獻身 軍人本分

나라를 위하여 몸을 바침은 군인의 본분이다.

안중근 의사를 경호했던 일본군 헌병 지바 도시치(千葉十七)에게 써 준 유묵이다. 제대 후 지바는 안 의사의 인품과 사상에 감복하여 이 유묵을 일본에 가지고 가 사진과 함께 정성으로 모셨다. 그의 사후 미망인과 양녀 미우라(三浦)가 봉안하다가 구리고마의 다이린지(大林寺)를 거쳐 1980년 도쿄 국제한국연구원을 통하여 안중근의사숭모회에 기증되었다.

126.1㎝×25.9㎝, 명주천,
안중근의사숭모회 소장,
보물 지정일: 1993. 1. 15.

24. 천여불수 반수기앙이 보물 제569-24호

25. 언충신 행독경 만방가행 보물 제569-25호

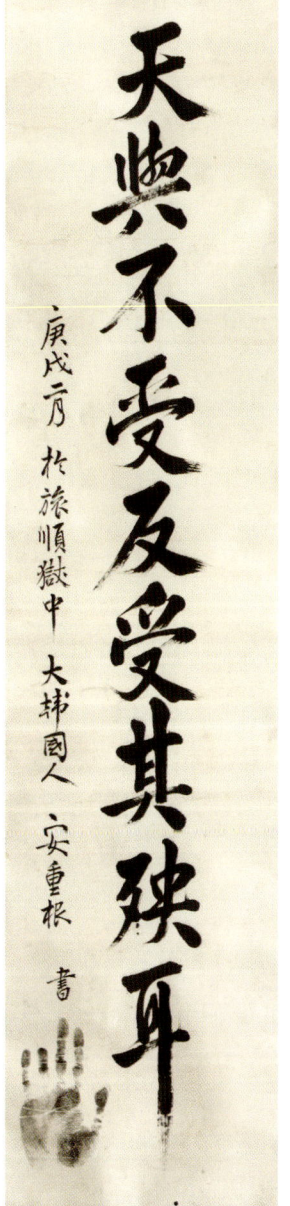

天與不受 反受其殃耳

하늘이 주는 것을 받지 않으면 도리어 재앙을 받게 된다.

『춘추』의전(春秋義戰)의 '天與不取 反受其咎'와 같은 뜻이다.

136.8cm×32.2cm,
김화자 소장,
보물 지정일: 1999. 12. 15.

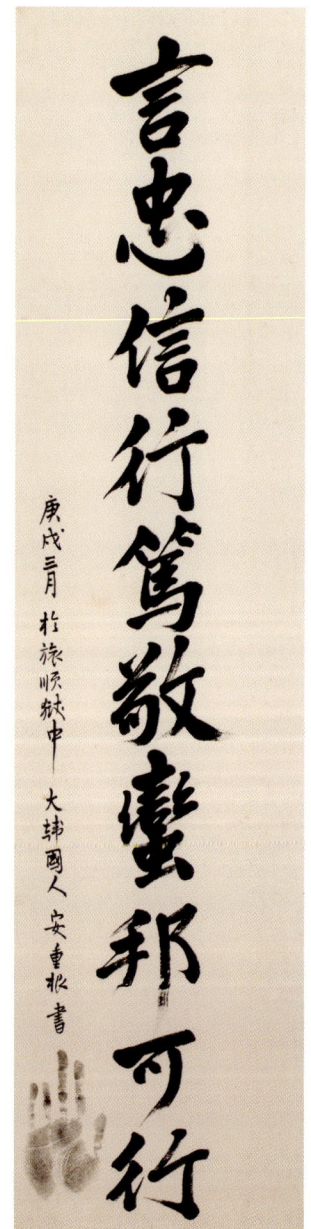

言忠信 行篤敬 蠻邦可行

말에 성실과 신의가 있고, 행실이 돈독하고 경건하면 비록 야만의 나라에서도 이를 따르리라.

126.1cm×25.9cm,
안중근의사숭모회 소장,
보물 지정일: 2003. 4. 14.

26. 임적선진 위장의무 보물 제569-26호

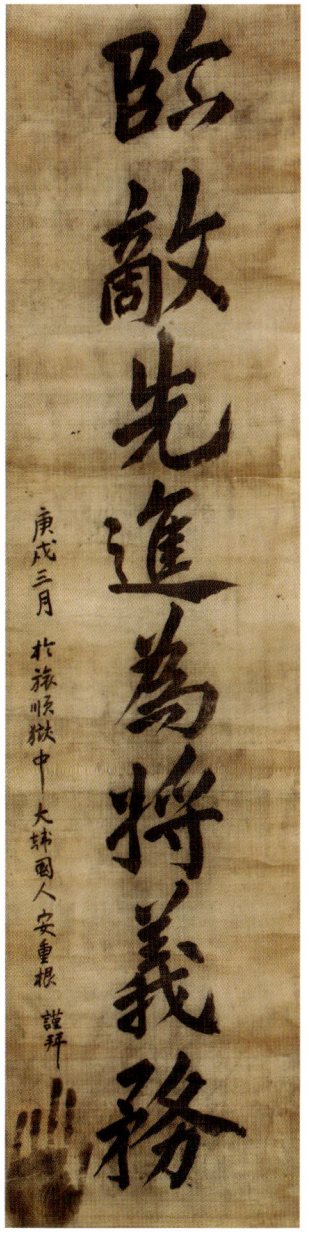

臨敵先進 爲將義務
적을 맞아 먼저
전진하는 것이
장수의 의무이다.

126.1cm×25.9cm, 명주천,
진해 해군사관학교박물관 소장,
보물 지정일: 2007. 10. 24.

27. 인무원려 필유근우 보물 제569호-27호

人無遠慮 必有近憂
사람이 멀리 생각하지
않으면 가까운 곳에
근심이 생긴다.

『논어』 위령공(衛靈公)편에
나오는 말로 중국 대련 세관의
세무관으로 있던 카미무라
주덴(上村重傳)이
안중근으로부터
직접 받은 유묵이다.

149.3cm×38.5cm,
김장렬 소장,
보물 지정일: 2022. 6. 23.

28. 일통청화공 보물 제569-28호

日通淸話公 날마다 맑은 이야기를 나누는 사람

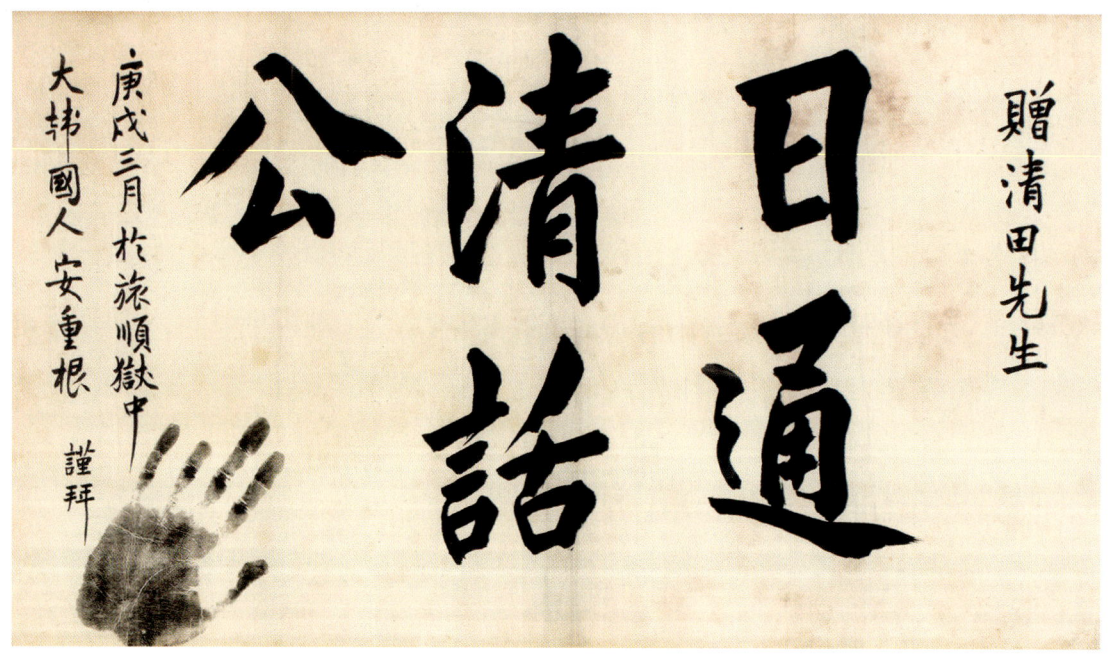

37cm×41.1cm, 이인성 소장, 보물 지정일: 2022. 6. 23.

29. 황금백만냥 불여일교자 보물 제569-29호

黃金百萬兩
不如一敎子

황금이 백만 냥이라도
자식에게 하나를
가르침만 못하다.

150㎝×35㎝,
대한민국역사박물관 소장,
보물 지정일: 2022. 6. 23.

30. 지사인인 살신성인 보물 제569-30호

志士仁人 殺身成仁

높은 뜻을 지닌
선비와 어진 사람은
옳은 일을 위해
목숨을 버린다.

『논어』위령공(衛靈公)편에
"지사와 어진 사람은 살기
위해 인을 해치는 일이
없고 몸을 죽여 인을
이룩한다(志士仁人
無求生以害仁 有殺身以成
仁)"라는 공자의 말을
인용한 것이다.

149.3㎝×37.8㎝,
안중근의사숭모회 소장,
보물 지정일: 2022. 6. 23.

31. 세심대 보물 제569-31호

洗心臺 마음을 씻는 대

35.2㎝×145.8㎝, 유재영 소장, 보물 지정일: 2022. 6. 23.

2) 그 외 유묵 31점

1. 빈여천 인지소오자야

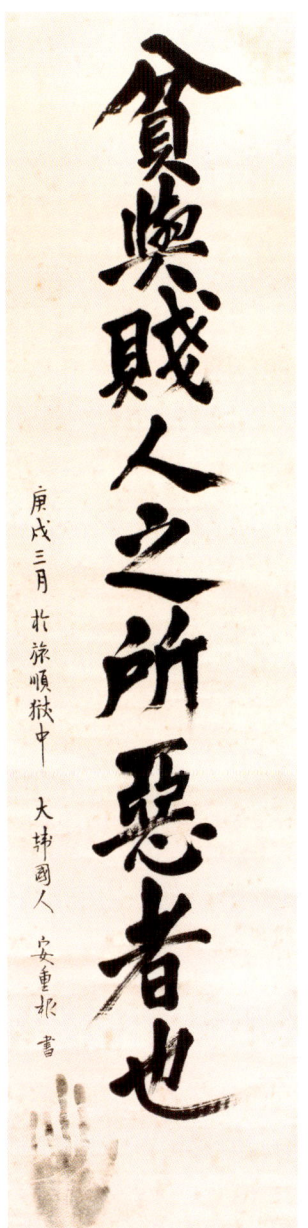

貧與賤 人之所惡者也
가난하고 천한 것은 사람들이 싫어한다.

『논어』이인(里人)편에 있는 글귀를 간결하게 재구성하여 사용했다.

120cm×42cm,
뤼순박물관 소장

2. 백일막허도 청춘부재래

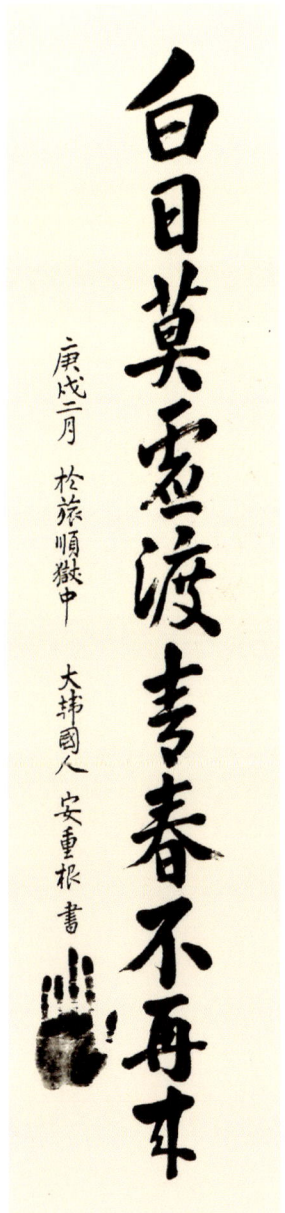

白日莫虛渡 靑春不再來
세월을 헛되이 보내지 말라, 청춘은 다시 오지 않는다.

145cm×31cm,
정석주 소장

3. 검산도수 참운난식

劍山刀水 慘雲難息

검산과 칼물에 처참한 구름조차 쉬기 어렵다.

102㎝×30㎝,
안중근 의사 증손 안도용 소장

4. 일출로소혜 정합운리 일영필측혜 불각기조

日出露消兮 正合運理
日盈必仄兮 不覺其兆

해가 뜨면 이슬이 사라지나니 천지의 이치에 부합되도다. 해가 차면 반드시 기우나니 그 징조를 깨닫지 못하는 도다.

안중근숭모회 이사이자 전 동국대 총장인 황수영 박사가 일본에서 확인한 사진본이 안중근의사기념관에 전시되고 있다.

143㎝×47㎝,
일본인 소장

5. 끽소음수 낙재기중

喫蔬飮水 樂在其中

나물 먹고 물 마시니
그 속에 낙이 있다.

『논어』술이(述而)편에서
인용한 글로 일본인이
소장하고 있으며 안중근의사
기념관에 사진본이 전시되고
있다.

133cm×26.5cm,
일본인 소장

6. 빈이무첨 부이무교

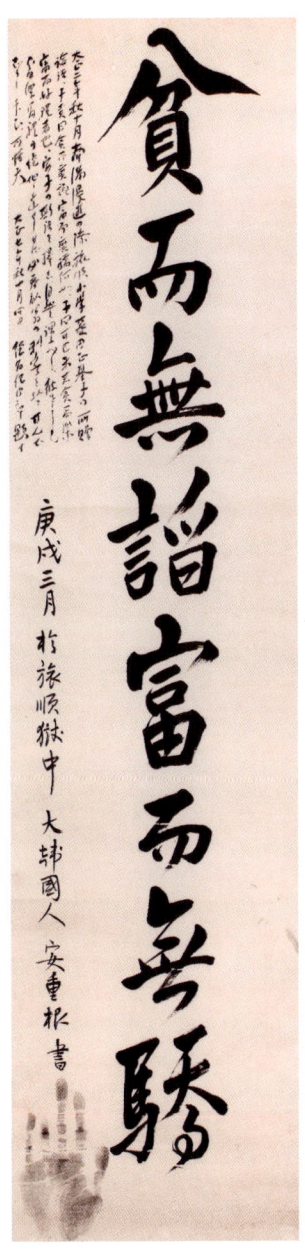

貧而無諂 富而無驕

가난하되
아첨하지 않고
부유하되
교만하지 않는다.

『논어』학이(學而)편에서 인용한 글이다. 뤼순 여행 중 입수, 수장한 료카(德富蘆花)가 유묵 왼편에 "안중근 씨가 이 말을 택한 것은 자연스러운 일이라고 말해야 할 것이다. 그가 악부예(樂富禮)의 경지에 다다랐다면 하필이면 이토 히로부미의 자객이 되겠느냐. 애석한 일이다"라고 적고 있다.

137cm×32cm,
도쿄 도립 로카기념관 소장

7. 자애실

自愛室 스스로를 아끼는 집으로 해석된다.

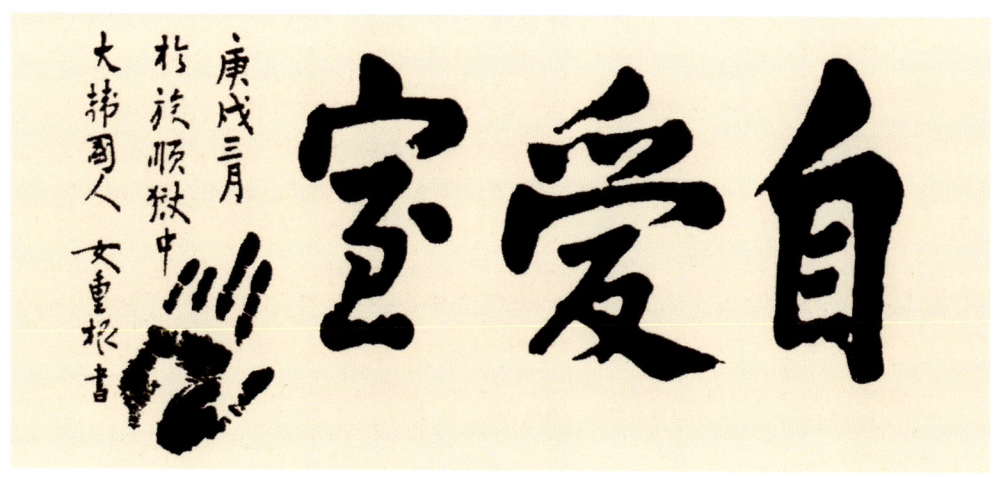

소장자 불명

8. 경천

敬天 '하늘을 공경하고 사람을 사랑하라'는 경천애인의 앞 두 글자로 해석된다.

34㎝×65.3㎝, 천주교 서울대교구 소장

9. 년년점검인간사 유유동풍불세정

年年點檢人間事 惟有東風不世情 해마다 세상일 헤아려 보니 다만 봄바람만이 세태를 따르지 않네.

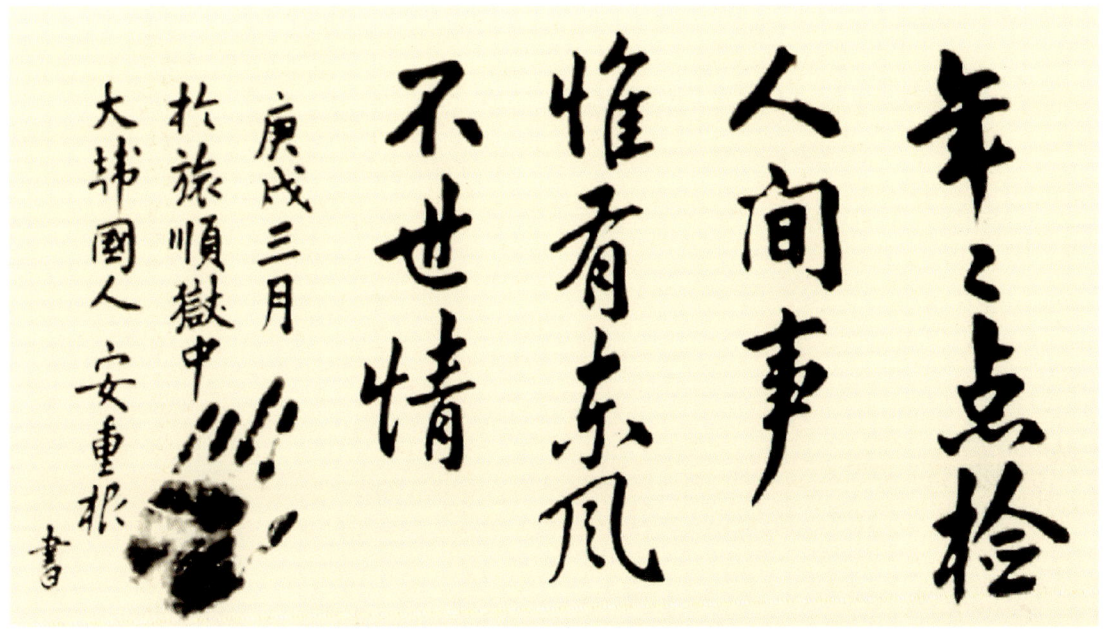

일본인 소장

조선총독부 관리였던 고쿠부 쇼타로(國分象太郎)의 후손이 간직하고 있던 것을
도쿄 국제한국연구원 최서면 원장이 확인, 사진본이 남산 안중근의사기념관에 보존되어 있다.

10. 인류사회 대표중임

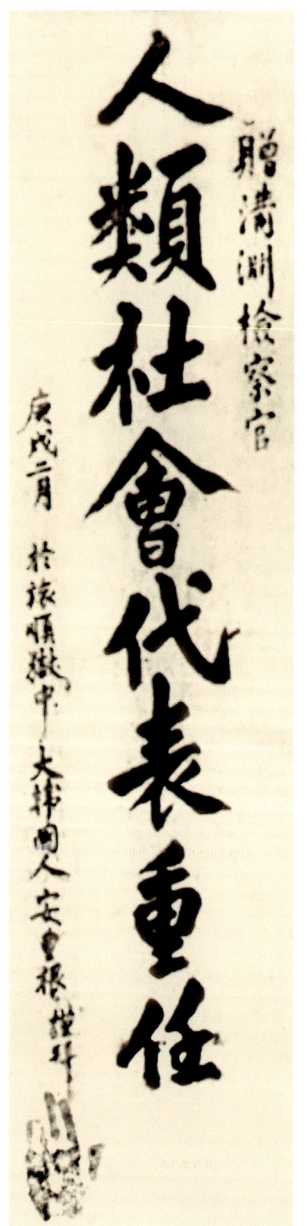

人類社會 代表重任

인류사회의 대표는 책임이 무겁다.

『안응칠 역사』와 『동양평화론』의 필사본을 소장한 시치조기 요미(七條淸美)의 딸 시치조미키코(七條美喜子)의 앨범 속에서 사진본으로 발견되었다.

일본인 소장

11. 언어무비보살 수단거개호랑

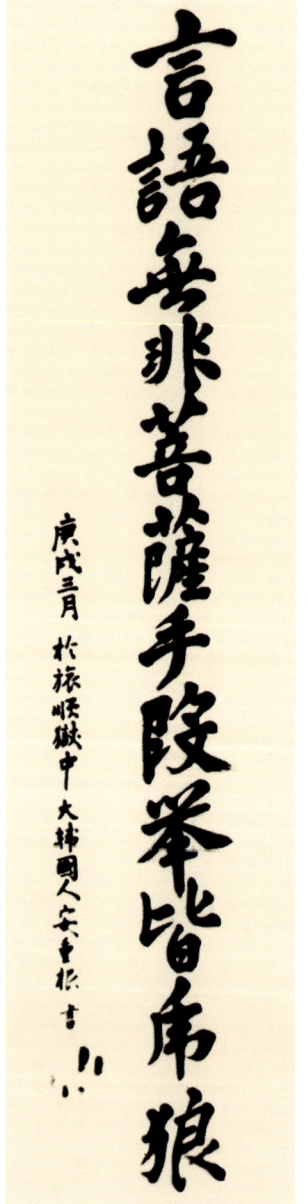

言語無非菩薩
手段擧皆虎狼

말은 보살 아닌 것이 없건마는 하는 짓은 모두가 사납고 간특하다.

일본에서 도쿄 국제한국연구원 최서면 원장이 확인. 사진본이 남산 안중근의사 기념관에 보관되어 있다.

일본인 소장

12. 약육강식 풍진시대

弱肉强食 風塵時代

강한 자가 약한 자를 잡아 먹는 풍진시대다.

일본 도쿄 국제한국연구원 최서면 원장이 확인하여 사진본을 안중근의사기념관이 소장하고 있다.

일본인 소장

13. 불인자 불가이구처약

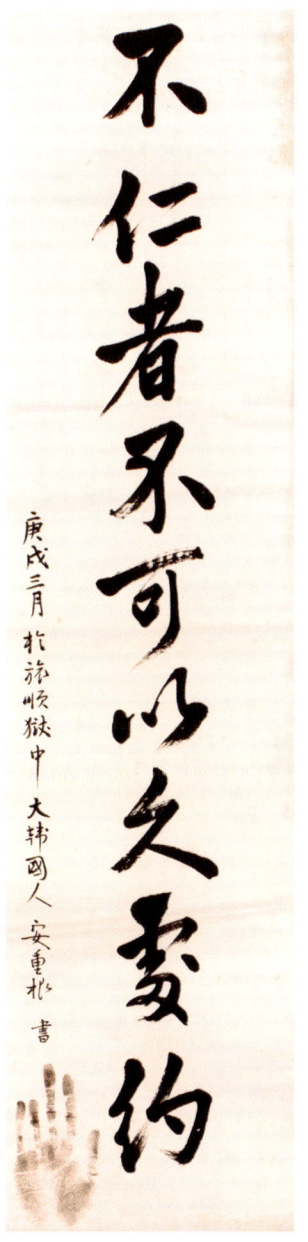

不仁者 不可以久處約

어질지 못한 자는 궁핍한 곳에서 오래 못 견딘다.

『논어』이인(里仁)편에서 인용

150㎝×40㎝,
일본 정심사 소장,
교토 류코쿠대학에 기탁 보관

14. 민이호학 불치하문

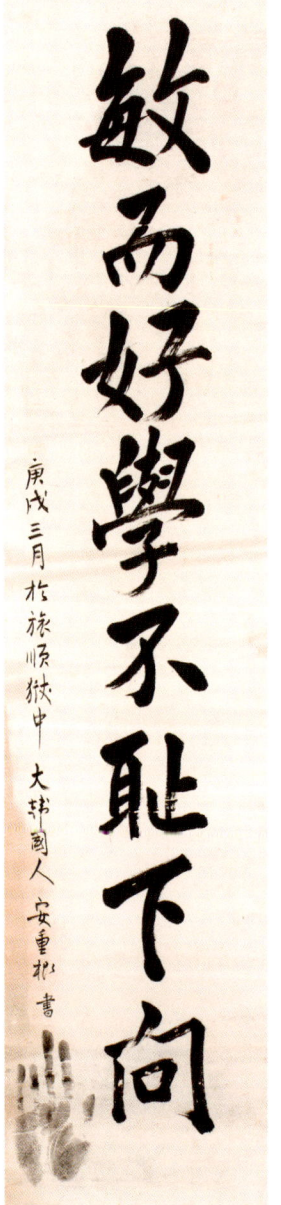

敏而好學 不恥下問

민첩하고 아랫사람에게
묻는 것을
부끄러워 말라.

『논어』 공야장(公冶長)
편에서 인용

150㎝×40㎝,
일본 정심사 소장,
교토 류코쿠대학에 기탁 보관

15. 계신호기소부도

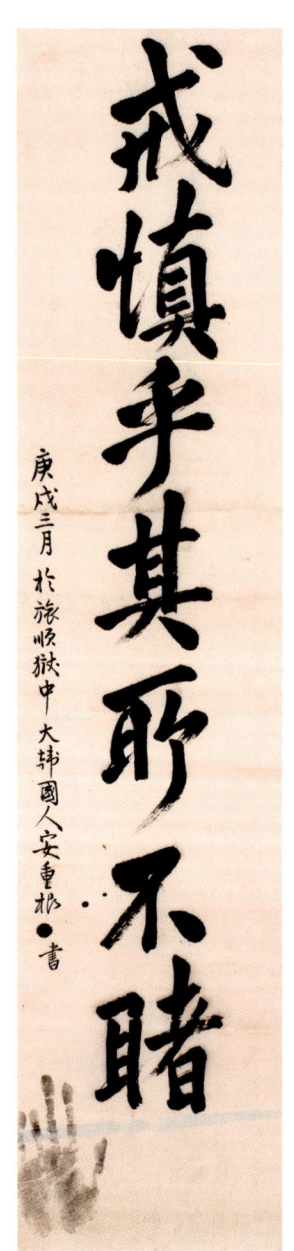

戒愼乎其所不睹

아무도 보지 않는 곳
에서 근신한다.

『중용(中庸)』에서 인용

150㎝×40㎝,
일본 정심사 소장,
교토 류코쿠대학에 기탁 보관

16. 통정명백 광조세계

通情明白 光照世界

통정을 명백히 하면 세계를 밝게 비출 것이다.

원본 전래는 명확하지 않으나 1910년 3월 27일자 뤼순 만주 일일신문에 게재되어 사진본이 전해지고 있다.

만주일일신문사 소장

17. 일한교의 선작소개

日韓交誼 善作紹介

한일 간의 교의는 소개가 잘되어야 한다.

통역관 소노키(園木)에게 증정했던 유묵으로 소노키가 소장하였던 안 의사 관련 신문 스크랩 및 관련 사진과 함께 유족이 소장하고 있다.

국제한국연구원 최서면 원장이 확인하여, 세상에 알려졌다.

동아일보사 소장

18. 와병인사절 차군만리행
하교불상송 강수원함정

臥病人事絶
嗟君萬里行
河橋不相送
江樹遠含情

나는 병석에 누워
일어나지 못하고
그대는 만리 먼 길
떠나가는가.
다릿목에 같이 나가
보낼 길 없고
강 언덕 나무숲에
정만 어렸도다.

일본인 소장

19. 천당지복 영원지락

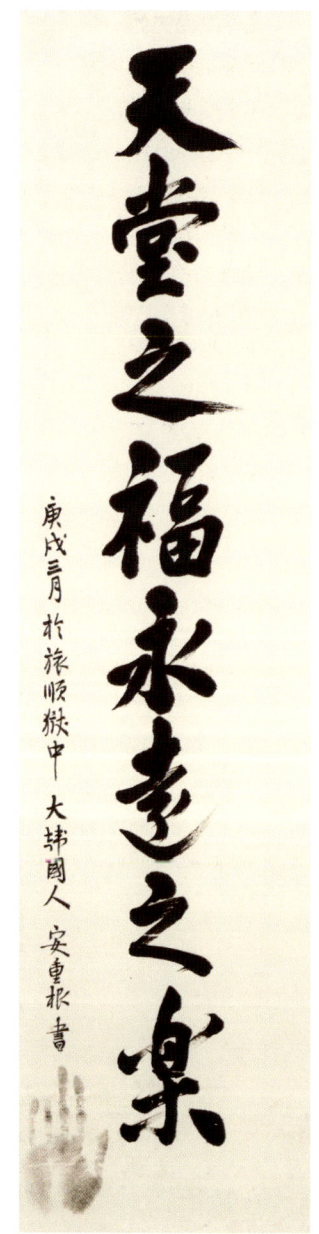

天堂之福 永遠之樂

천당의 복은
영원한 즐거움이다.

안중근 의사의 천주교에
대한 깊은 신앙심이
배어 있는 작품이다.

136.2cm×33.2cm,
안중근의사숭모회 소장

20. 산불고이수려 수불심이징청
지불광이평탄 임불대이무성

山不高而秀麗
水不深而澄清
地不廣而平坦
林不大而茂盛

산은 높지 않으나
수려하고
물은 깊지 않으나
청결하고
땅은 넓지 않으나
평탄하고
숲은 크지 않으나
무성하다.

136㎝×34.5㎝,
리움미술관 소장

21. 일근천하무난사

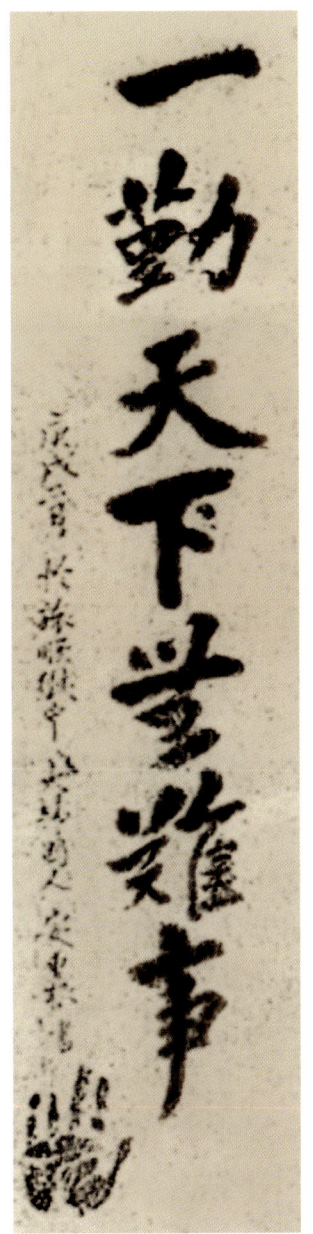

一勤天下無難事

부지런하면 천하에
어려운 것이 없다.

1910년 3월 26일자
만주일일신문에
사진본으로 보도되면서,
안중근 의사 유묵 중
가장 먼저 세상에
알려진 작품이다.

만주일일신문사 소장

22. 담박명지 영정치원

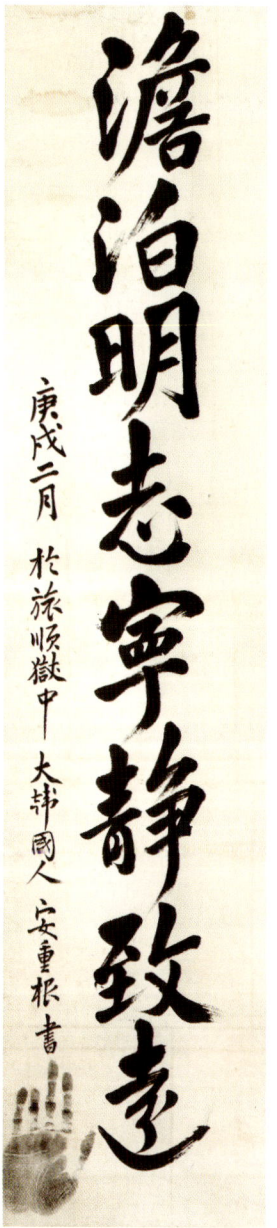

澹泊明志 寧靜致遠
담백한 밝은 뜻이
편안하고 고요하여
오래 전수된다.

135.6cm×32.3cm,
박원범 소장

23. 임수선어 불여퇴결망

臨水羨魚 不如退結網
물에 다다라
고기를 부러워함은
물러가서 그물을
뜨니만 못하다.

일본 고지(高知)현 출신
구 관동도독부 법원 율사
집안에 소장되어 있던 것을
도쿄 국제한국연구원
최서면 원장이 확인하고,
사진본으로 공개하였다.

일본인 소장

24. 장탄일성 선조일본

長歎一聲 先弔日本

크고 긴 탄식 한 소리로 먼저 일본의 멸망을 조문한다.

옛 대만총독부 관리를 역임한 도쿄 거주 일본인 집안에 있던 것을 김광만(金光萬) PD가 확인하고, 국내 사진본으로 소개한 작품이다.

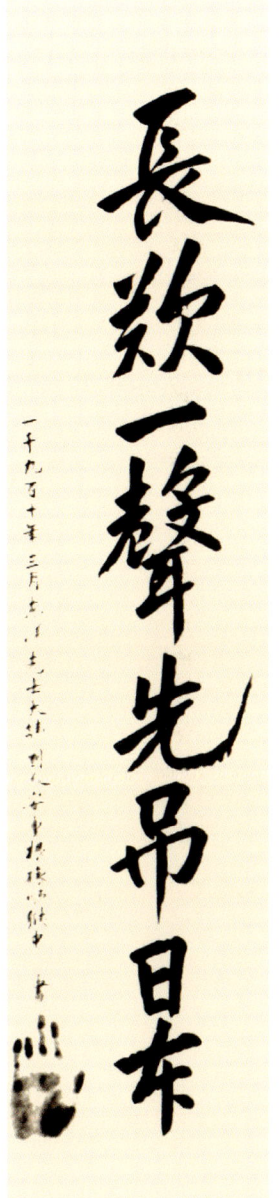

230cm×40cm,
일본인 소장

25. 모사재인 성사재천

謀事在人 成事在天

일을 도모하는 것은 사람에게 달려 있고, 완성하는 것은 하늘의 뜻에 달려 있다.

중국 나관중(羅貫中)의 『삼국지연의(三國志演義)』에 제갈량(諸葛亮)이 사마의(司馬懿)와 대치 중 소나기가 내려 계획을 이룰 수 없음을 탄식하면서 쓴 내용이다.

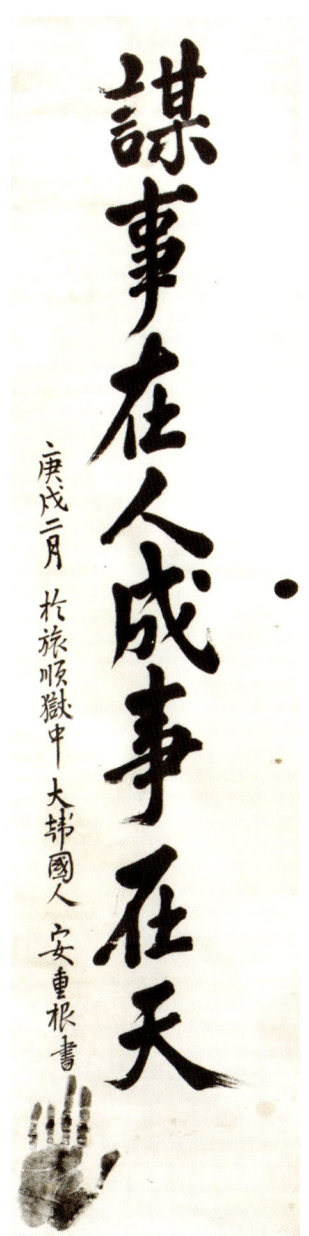

136.3cm×34cm,
오정택 소장

26. 백세청풍

百世淸風

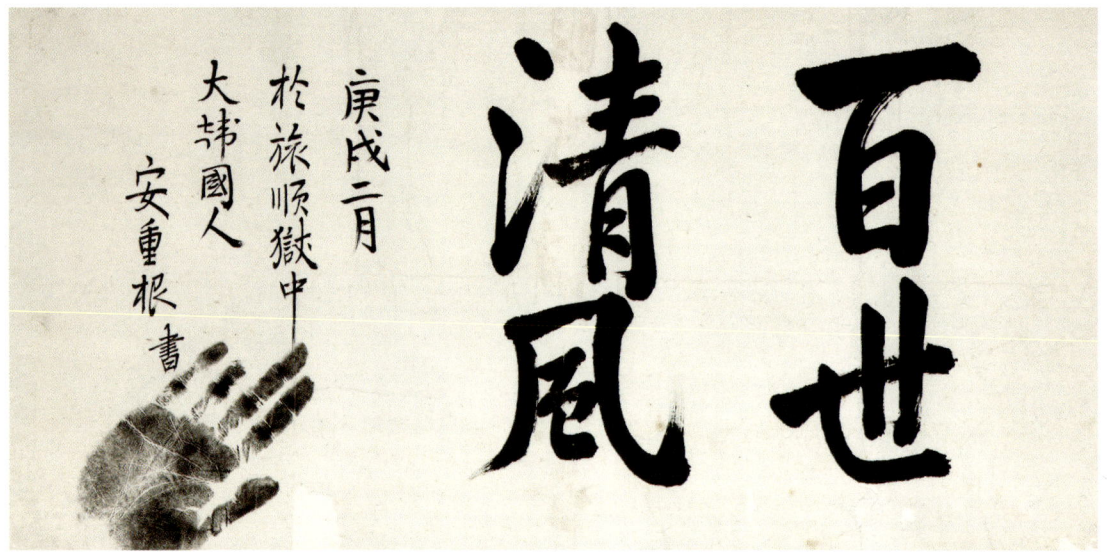

34㎝×69㎝, 일본 사토 가즈오 소장

충절과 곧은 절개의 상징으로
충신들을 배출했던 고택에
현판으로 걸거나 바위에 글을
새겨 기념했다. 일본 도쿄 사토
가즈오(佐藤和男)가 부친으로부터
물려받아 소장하고 있다.

27. 독립

獨立

뤼순감옥 간수 시타라 마사오 (設樂正雄)가 안중근 의사로부터 직접 받은 유묵으로 히로시마 간센지(願船寺) 소장, 교토 류코쿠대학에 기탁 보관 중이다.

31.8㎝×66.2㎝, 일본인 히로시마 간센지(願船寺)소장, 교토 류코쿠대학에 기탁 보관

28. 승피백운 지우제향의

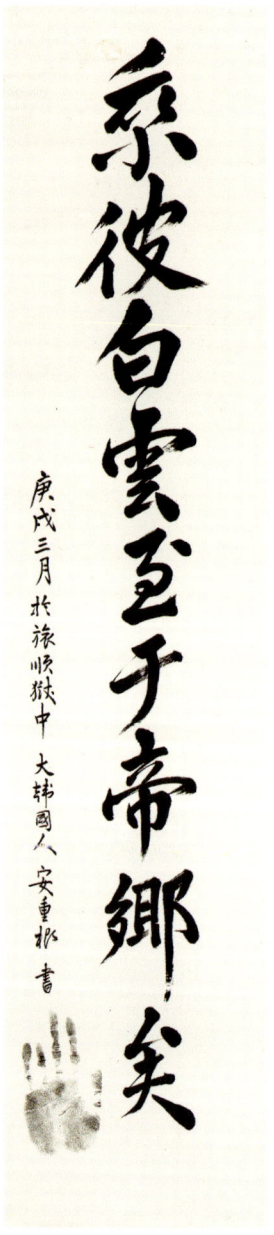

乘彼白雲 至于帝鄉矣

저 흰 구름 불러 타고 하늘나라에 이르리!

사형선고에 항소하지 않고 죽음을 받아들이는 안중근 의사의 초연함을 대변하는 것으로, 초탈한 심리를 직간접적으로 드러내는 글이다.

『장자』 외편천지(天地)편의 구절.

34㎝×137.7㎝, 개인 소장

29. 용호지웅세기작인묘지태

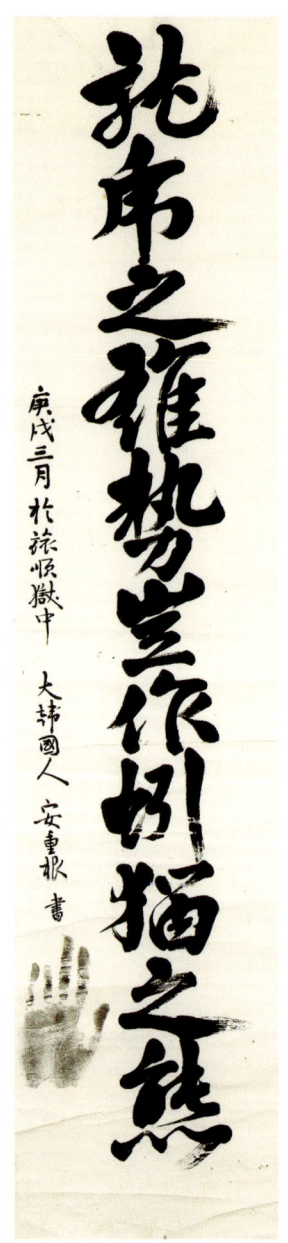

龍虎之雄勢豈作蚓猫之態

용과 호랑이의 용맹하고 웅장한 형세를 어찌 지렁이와 고양이의 모습에 비견하겠는가.

사형을 앞둔 안중근 의사의 부러질지언정 꺾이지 않는 기백을 표현한 글로 당당하고 시원한 필치가 돋보인다.

34㎝×135㎝
김웅기 글로벌세아그룹 회장 소장

30. 인심조석변 산색고금동

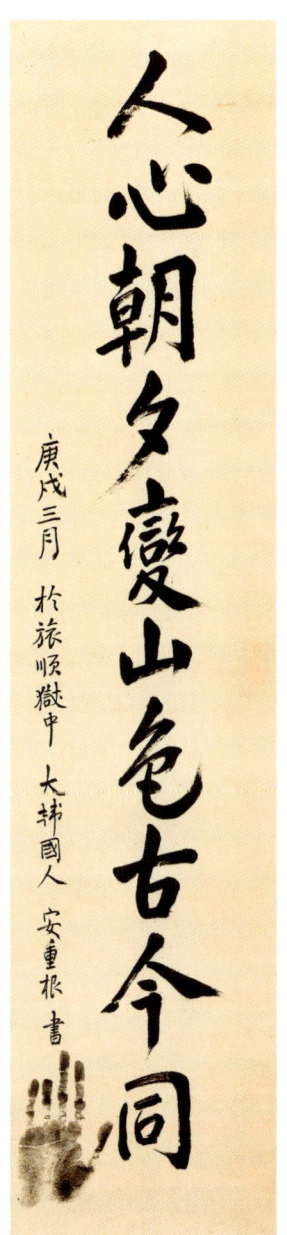

人心朝夕變 山色古今同

사람의 마음은 아침저녁으로 변하지만,
산색은 예나 지금이나 같다.

사람의 나약한 마음은 수시로 변하지만,
나라를 위한 나의 마음은 쉽게 변하지 않는다는
자신의 의지를 보여주는 글로,
안의사가 뤼순 감옥에 있는 동안
그의 꺾이지 않는 기개를 보고 존경하게 된
일본인 관리 또는 간수들에게 써준 글로 추정한다.

33.8㎝×137.2㎝, 한미반도체 소장

31. 녹죽

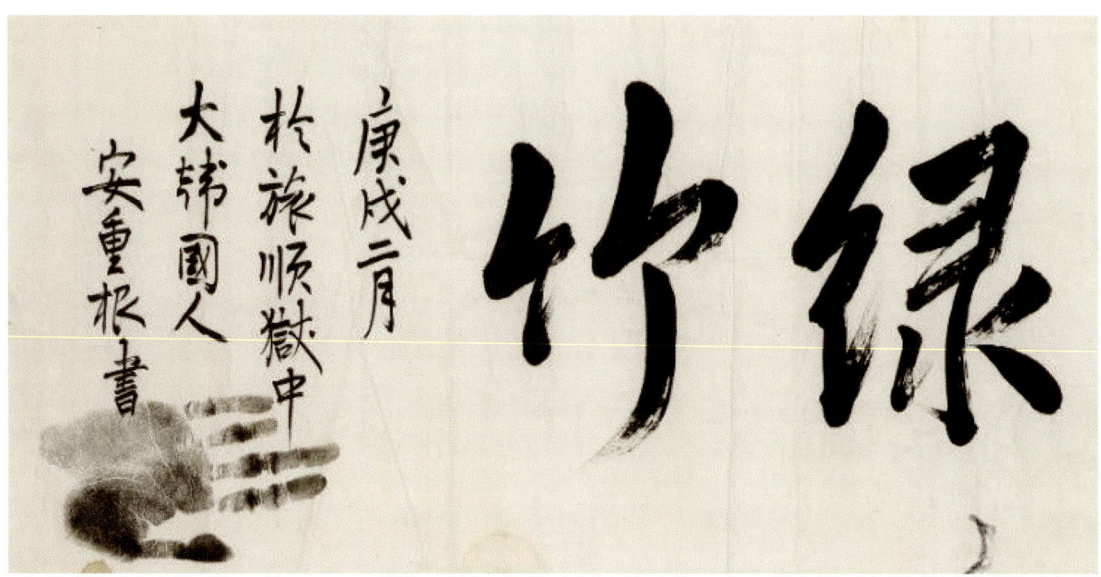

绿竹

푸른 대나무처럼 꺾이지 않는 절개를 의미한다.

69.3cm×34cm, 구혜정 소장

안중근 의사 유묵 현황

(1) 보물지정 유묵(31점)

구분	유묵명	소장인	보관장소	보물 지정일	규 격	비고
보물569-1	百忍堂中有泰和	강석주	서울 강남구	1972. 8. 16.	137.4cm×33.2cm	
-2	一日不讀書 口中生荊	동국대학교	서울 중구	1972. 8. 16.	148.4cm×35.2cm	
-3	年年歲歲花相似 歲歲年年人不同	리움미술관	서울 용산구	1972. 8. 16.	109.3cm×41cm	
-4	恥惡衣惡食者不足與議	불명	불명	1972. 8. 16.	130.5cm×31cm	지정해제
-5	東洋大勢思杳玄有志男兒豈安眠和局未成猶慷慨政略不改眞可憐	숭실대학교	서울 동작구	1972. 8. 16.	138.5cm×36cm	
-6	見利思義見危授命	동아대학교	부산시 서구	1972. 8. 16.	140.8cm×30.6cm	
-7	庸工難用連抱奇材	국립중앙박물관	서울 용산구	1972. 8. 16.	137.4cm×33.4cm	
-8	人無遠慮難成大業	숭실대학교	서울 동작구	1972. 8. 16.	135.8cm×33.5cm	
-9	五老峯爲筆三湘作硯池靑天一丈紙寫我腹中詩	홍익대학교	서울 마포구	1972. 8. 16.	138.4cm×31.8cm	
-10	歲寒然後知松栢之不彫	안중근의사숭모회	서울 중구	1972. 8. 16.	133.6cm×30.6cm	
-11	思君千里望眼欲穿以表寸誠幸勿負情	오영욱	경기 군포시	1972. 8. 16.	138cm×33.5cm	
-12	丈夫雖死心如鐵義士臨危氣似雲	숭실대학교	서울 동작구	1972. 8. 16.	135.4cm×31.7cm	
-13	博學於文約之以禮	안중근의사숭모회	서울 중구	1972. 8. 16.	137.4cm×33cm	
-14	第一江山	숭실대학교	서울 동작구	1972. 8. 16.	38.6cm×96.6cm	
-15	靑草塘	해군사관학교	경남 창원시	1972. 8. 16.	37.6cm×67cm	
-16	孤莫孤於自恃	남화진	부산시 중구	1972. 8. 16.	39.7cm×74.9cm	
-17	仁智堂	리움미술관	서울 용산구	1972. 8. 16.	37.6cm×67cm	
-18	忍耐	김신화	서울 광진구	1972. 8. 16.	26.8cm×72.1cm	
-19	極樂	안중근의사숭모회	서울 중구	1972. 8. 16.	33.2cm×68.2cm	
-20	雲齋	안중근의사숭모회	서울 중구	1972. 8. 16.	32.8cm×67.8cm	
-21	欲保東洋先改政略時過失機追悔何及	단국대학교	경기 용인시	1991. 7. 12.	136.5cm×34cm	
-22	國家安危勞心焦思	안중근의사숭모회	서울 중구	1993. 1. 15.	149.3cm×38.5cm	
-23	爲國獻身軍人本分	안중근의사숭모회	서울 중구	1993. 1. 15.	126.1cm×25.9cm	
-24	天與不受反受其殃耳	김화자	제주 제주시	1999. 12. 15.	136.8cm×32.2cm	
-25	言忠信行篤敬蠻邦可行	안중근의사숭모회	서울 중구	2003. 4. 14.	126.1cm×25.9cm	
-26	臨敵先進爲將義務	해군사관학교	경남 창원시	2007. 10. 24.	126.1cm×25.9cm	
-27	人無遠慮 必有近憂	김장렬	서울	2022. 6. 23.	149.3cm×38.5cm	
-28	日通淸話公	이인정	경기 성남시 한국학중앙연구원 장서각	2022. 6. 23.	37cm×41.1cm	
-29	黃金百萬兩不如一敎子	대한민국역사박물관	서울 종로구	2022. 6. 23.	150cm×35cm	
-30	志士仁人 殺身成仁	안중근의사숭모회	서울 중구	2022. 6. 23.	149.3cm×37.8cm	
-31	洗心臺	유재영	서울 용산구	2022. 6. 23.	35.2cm×145.8cm	

(2) 기타 유묵(31점)

구분	유묵명	소장인	보관장소	규격	비고
1	貧與賤人之所惡者也	뤼순박물관	중국 뤼순박물관	120㎝×42㎝	
2	白日莫虛渡靑春不再來	정석주	한국	145㎝×31㎝	
3	劍山刀水 慘雲難息	안도용	미국 캘리포니아 주	102㎝×30㎝	
4	日出露消兮 正合運理 日盈必仄兮 不覺其兆	일본인	일본	143㎝×47㎝	
5	喫蔬飮水 樂在其中	일본인	일본	133㎝×26.5㎝	
6	貧而無諂 富而無驕	로카기념관	일본 도쿄도립로카기념관	137㎝×32㎝	
7	自愛室	불명	일본		
8	敬天	천주교 서울대교구	서울 중구	34㎝×65.3㎝	
9	年年點檢人間事 惟有東風不世情	일본인	일본		
10	人類社會 代表重任	일본인	일본		
11	言語無非菩薩手段擧皆虎狼	일본인	일본		
12	弱肉强食 風塵時代	일본인	일본		
13	不仁者 不可以久處約	일본 정심사	일본 교토 류코쿠대학	150㎝×40㎝	
14	敏而好學 不恥下問	일본 정심사	일본 교토 류코쿠대학	150㎝×40㎝	
15	戒愼乎其所不睹	일본 정심사	일본 교토 류코쿠대학	150㎝×40㎝	
16	通情明白 光照世界	만주일일신문사	불명		
17	日韓交誼 善作紹介	동아일보사	서울 종로구		
18	臥病人事絶 嗟君萬里行河橋不相送 江樹遠含情	일본인	일본		
19	天堂之福 永遠之樂	안중근의사숭모회	서울 중구	136.2㎝×33.2㎝	
20	山不高而秀麗水不深而澄淸地不廣而平坦林不大而茂盛	리움미술관	서울 용산구	136.㎝×34.5㎝	
21	一勤天下無難事	만주일일신문사	불명		
22	澹泊明志 寧靜致遠	박원범	부산시 해운대구	135.6㎝×32.3㎝	
23	臨水羨魚 不如退結網	일본인	일본		
24	長歎一聲 先弔日本	일본인	일본	230㎝×40㎝	
25	謀事在人 成事在天	오정택	서울 종로구	136.3㎝×34㎝	
26	百世淸風	사토 가즈오	일본	34㎝×69㎝	
27	獨立	히로시마 간센지	일본 교토 류코쿠대학	31.8㎝×66.2㎝	
28	乘彼白雲 至于帝鄕矣	개인 소장	한국	34㎝×137.7㎝	
29	龍虎之雄勢 豈作蚓猫之態	김웅기	글로벌세아그룹	34㎝×135㎝	
30	人心朝夕變 山色古今同	한미반도체	한미반도체	33.8㎝×137.2㎝	
31	绿竹	구혜정	서울 강남구	69.3㎝×34㎝	

10.
추모사와 평가

- 예찬시
- 추모시문
- 기념 건물
- 동상
- 추모비 및 기념비

청록파 시인 박두진, 박목월, 조지훈의 안중근 예찬시

박두진(朴斗鎭, 1916-1998)
시인, 전 연세대 교수

讚 安重根 義士
又山 朴斗鎭

우리들의 가슴을, 영원히
이글거리는 햇덩어리를 삼킨 것 만큼이나
뜨겁게 하시는 이여, 의사여.

우리들의 가슴을, 영원히
철렁거리는 바다 파도를 입은 것 만큼이나
벅차게 하시는 이여, 의사여.

우리들의 가슴을, 영원히
저 서남북극 시퍼런 빙산을 그로 삼킨것 만큼인
씨원케 하시는 이여, 의사여.

우리들의 핏줄을, 영원히,
사천만이 하날 얼려
용솟음치게 하시는 이여, 의사여.

우리들의 정기를, 영원히,
겨레 얼이 찬란하게
하늘 뻗혀 오르게 하시는 이여, 의사여.

우리들의 내일을, 영원이,의사여.
겨레 생명 오래 오래
불멸의 것이게 하시는 이여, 의사여.

박목월(朴木月, 1916-1978)
시인, 전 한양대 교수

義士의 손 朴木月

抜群의 대신
손바닥위 척 놀렸다.
安重根
義士의 擲彈을
다만히 한 마디가 북극한 손.
諸敎대신
손바닥위 척 놀린
아아
安重根
義士의 그 손이
하로빈 驛頭에서
侵略을 弄弄하는
元兇의 가슴을 꿰뚫고
겨레의 세찬 景氣과
바른 氣像을
드높였다.
第一江山, 밑에
손바닥위 척 놀린
大韓人 安重根
義士는
大韓人 3000만도 大韓人.
손 擲彈人도
세찬 景氣과 氣像을
우리 겨레의 피줄을 젖어
어린 것들의 눈이
팔.하 샛맑아
가슴파하
늘푸르게 벋어간다.
落款대신
손바닥으로 척 놀린
安重根
義士의
무명지 한 마디가 북극한 손.

조지훈(趙芝薰, 1920-1968)
시인, 전 고려대 교수

安重根義士讃 趙芝薰

손 것은 拳銃이었지만
그 방아쇠를 잡아당긴 것은
당신의 손가락이었지만
원수의 가슴을 꿰뚫은 것은
성난 民族의 불길이었네
온 世界를 뒤흔든 그 銃소리는
弱한 하늘의 소리이었네

義를 위해서는
목숨을 차라리 鴻毛와 같이
가볍게 보고 義와 仁을 찾아
매기를 여미기 전고
그대 하로빈 驛頭의
秋霜같은 소식
落木같이 우수수
한 매에 다 떨어졌어라

당신이 아니더면 民族의 憤怒를
누가 죽어 터뜨렸겠는가
당신이 없더면 祖國의 뜻을
누가 대신하여 감이 왔으라
세월이 갈수록 말이 없지만
그 뜨거운 피줄 속에 그대 살아 있네
피줄 속에 거례의
그 외침이 강산의
바람속에 남아 있어
于右 无号 汀丁金相沃謹書

219

추모시문

우남 이승만(李承晩, 1875-1965)
대한민국 제1-3대 대통령

해동명월: 동방의 밝은 달

1955년 전남 장흥 만수사 내 해동사 건립 시 쓴 친필 휘호

성재 이시영(李始榮, 1869-1953)
대한민국 초대 부통령

백범 김구(金九, 1876-1949)
대한민국임시정부 주석

합부의탄: 하얼빈 역두의 의로운 총탄

지난행이: 앎은 어렵고 행동은 쉽다.

박정희(朴正熙, 1917-1979)
대한민국 제5-9대 대통령

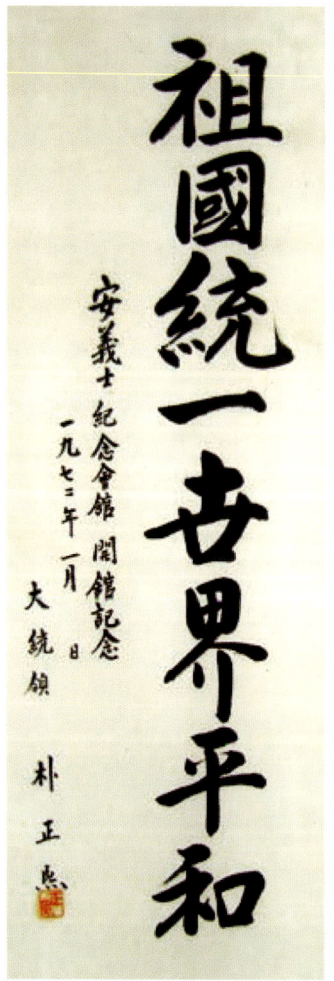

백암 박은식(朴殷植, 1859-1925)
대한민국임시정부 제2대 대통령·민족사학자

夫據安重根歷史而論之亦曰舍身
救國之志士而已 爲韓報仇之烈俠
而已余以爲未足以盡重根也重根具
世界之眼光 而自仁平和之代表者也.

안중근의 역사에 근거하여 그를 평가할 때 대한사람은 몸 바쳐 나라를 구한 지사라 하였고 또는 한국을 위해 복수한 열렬한 협객이라고 하였다. 나는 이런 찬사에 그친다면 미진한 바가 있다고 생각한다. 중근은 세계적 안광을 가지고 평화의 대표를 자임한 사람이다.

- 박은식, 『한국통사』 중에서

창강 김택영(金澤榮, 1850-1927)

한학자·민족사학자

오산 이강(李剛, 1878-1964)

대한민국임시정부 임시의정원 의장

의병장 안중근의 나라 원수 갚은 소식을 듣고…
평안도 장사 두 눈을 부릅뜨고 염소 새끼 죽이듯이 나라 원수 죽였다네. 안 죽고 살았다가 이 기쁜 소식 들을 줄이야.
덩실덩실 춤노래 한바탕 국화조차 우쭐거리네. 해삼위라 큰 매 하나 하늘 쓸고 돌더니만 하얼빈역 머리에 벼락불 떨어졌네. 육대주 영웅호걸 몇 분이나 되시는지 모두들 가을바람에 수젓가락 떨구었으리. 예부터 안 망한 나라 어디 있던가. 언제나 나라 망치는 건 못된 벼슬아치들. 무너지는 하늘을 떠받드는 인물 보소. 망하는 때이건만 도리어 빛이 나네.

예관 신규식(申圭植, 1879-1922)
독립운동가

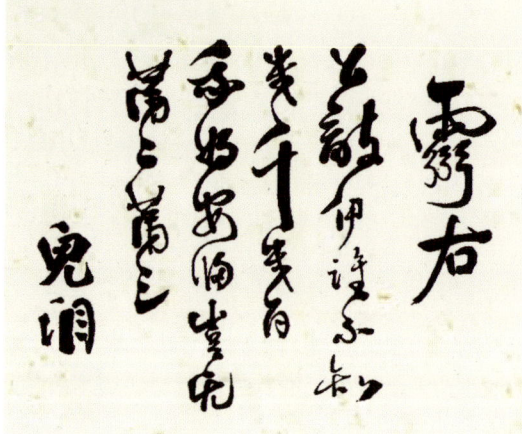

영전에
공적 이등박문 따위가
몇천 몇백으로 부지기수로다.
비록 우리의 안 장군은 귀로에 올랐어도
어이 제2 제3의 안 장군이 없으리요.

만해 한용운(韓龍雲, 1879-1944)
독립운동가·시인·승려

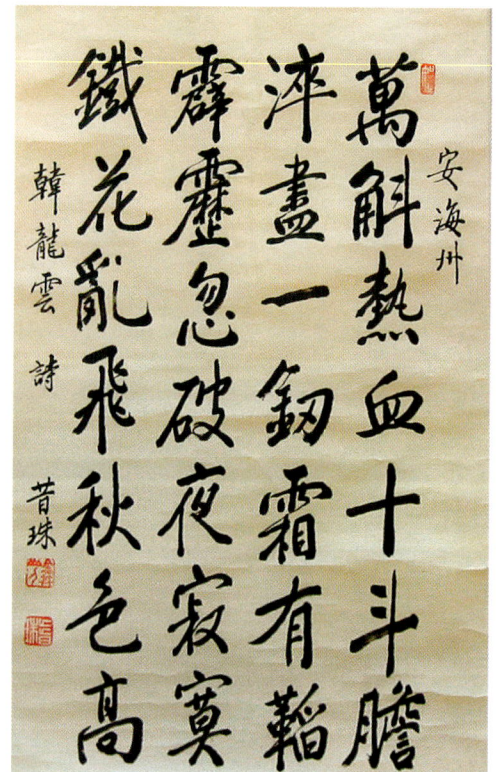

만 섬의 끓는 피여! 열 말의 담력이여!
벼르고 벼른 기상 서릿발이 시퍼렇다.
별안간 벼락 치듯 천지를 뒤흔드니
총탄이 쏟아지는데 늠름한 그대 모습이여!

단선 계봉우(桂奉瑀, 1880-1959)

역사학자

「만고의소 안즁근전」, 『권업신문』 1914년 6월부터 8월까지 연재

다형 김현승(金顯承, 1913-1975)

시인, 전 숭실대 교수

겨레의 寶石 · 金顯承

새벽에 쏜 그 彈丸과 같이 곧게
最後의 빛과 같이 빛나게
사랑하신 그의 곁을 가신 님.

터지려던 그 가슴은 가슴으로
偉大한 祖國을 당아 안아 줄 수 없어,
죽음의 無限과 永遠으로
가없는 나라의 슬픔을 품어주신 님

그렇게도 날카로 왔던,
죽음의 벽찬 무게 마저도
느낄 수 조차 없었던,
그 生命의 칼날!
사랑은 죽음인
죽음은 곧 사랑인
그 개끗한 뜻!

아, 길고 긴 五千年이 흐르고 왔건만,
온 겨레의 가슴 안 많은 하늘에 빛나는
사랑의 寶石은 과연 몇몇인가?

安重根!
그 이름 말고,
새벽의 저 별처럼 맑고도 또렷하게
우리네 가슴에 같이 빛나는
겨레의 寶石은 참 쓸이지
몇몇인가!

一九七七年 三月 대림동 寓居에서 書

위안스카이(袁世凱, 1859-1916)

중화민국 초대 대총통

쑨원(孫文, 1866-1925)

중화민국 초대 임시총통(1911)

평생을 벼르던 일 이제야 끝났구려. 죽을 땅에서 살려는 건
장부가 아니고말고. 몸은 한국에 있어도 만방에 이름 떨쳤소.
살아선 백 살이 없는 건데 죽어 천년을 가오리다.

공은 삼한을 덮고 이름은 만방에 떨치나니
백세의 삶은 아니나 죽어서 천추에 드리우리
약한 나라 죄인이요 강한 나라 재상이라
그래도 처지를 바꿔 놓으니 이등도 죄인 되리

장제스(蔣介石, 1887-1975)
중국 정치가. 자는 중정. 대만 총통

장징궈(蔣經國, 1906-1988)
대만 제6대 총통

安重根義士紀念館
壯烈千秋
中華民國六十一年七月六日
蔣中正

장렬천추: 장렬한 뜻 천추에 빛나다.

安重根義士百年紀念
碧血丹心
中華民國六十八年九月二日
蔣經國

벽혈단심: 붉은 피 붉은 마음

장빙린(章炳麟, 1868-1936)
중국 근대의 사상가·학자

아주제일의협: 아시아 제일의 의사이면서 협객

저우언라이(周恩來, 1898-1976)
중화인민공화국 초대 총리

덩잉차오(鄧穎超, 1904-1992)
저우언라이 총리 부인

中日甲午戰爭之后, 本世紀初,
安重根行刺伊藤博文, 就在哈爾濱
車站, 兩國人民共同反對日本帝
國主義的鬪爭, 就開始了.
(周恩來關于中朝歷史關係的談話)
1963. 6

我和恩來曾排演過歌頌朝鮮英雄
刺殺日本伊藤博文的故事(安重根)
(又名亡國恨).
(鄧穎超-光輝的一生)

(…) 갑오중일전쟁 후 본세기 초에 안중근이 하얼빈역에서 이토 히로부미를 사살하였다. 두 나라 인민의 일본제국주의를 반대하는 공동투쟁은 이때로부터 시작되었다.
- 『주은래의 중조역사관계에 관한 담화』(1963. 6) 중에서

나와 저우언라이는 조선의 영웅이 이토 히로부미를 사살한 일을 칭송하는 〈안중근〉(또는 〈망국한〉)이라는 연극을 공연하였다.
- 『등영초-빛나는 한 생애』 중에서

량치차오(梁啓超, 1873-1929)

중화민국 초 계몽사상가·저널리스트·정치가

추풍단등곡(秋風斷藤曲)

흙모래 대지를 휩쓸고 / 강쇠바람 울부짖는데 /
칼날 같은 흰눈이 / 흑룡강에 쏟아진다

다섯 발자국에 피 솟구치게 하여 / 대사를 이루었으니 /
웃음 소리 대지를 진감하누나 / 장하다 그 모습,
영원토록 빛나리라 영구(靈柩) 실은 마차 앞서가는데 /
뚜벅뚜벅 말발굽 소리 애처롭구나 /
먼 하늘 바라보니 상복이나 입은 듯 /
먹장 같은 구름안개 대지를 덮었네
당(唐)나라 덕종(德宗)이 무원형(武元衡)을 잃더니 /
조정에선 나라의 동량지재(棟梁之材) 잃었도다 /
창해장수 박랑사에서 진왕(秦王)을 치더니
하얼빈역의 총소리는 세계를 진감하누나
만민이 형가(荊軻) 같은 영웅을 우러러보니 /
그 사나이 평소마냥 태연자약하고 /
공개재판에 나서서도 떳떳하게 /
법관 질문에 대답하기를 내가 사나이 대장부로 태어나 /
자기의 죽음을 예사로 여기지만 / 나라의 치욕을 씻지 못했으니 /
어찌 공업(功業)을 이루었다 하리오
깊고도 혼탁한 독록강(獨濂江) 물결 /
세상은 이 강물처럼 험악한데 /
사람들의 원한도 흐르는 그 물결마냥 /
해마다 날마다 이어져 가리

중국인들의 안중근 의사 평

"안중근이 이토를 사살한 것은 진실로 조국을 위해 복수한 것일 뿐만 아니라, 세계평화의 공적(公敵)을 제거하려 한 것이므로, 다만 한국의 공로자만이 아니고 동아의 공로자, 세계의 공로자이기도 하다."

— 저우하오(周浩): (윤병석 편, 『安重根傳記全集』, 269쪽) 〈원문 225쪽〉

"안중근은 삼한(한국)의 현인이고 또한 세계의 영걸(英傑)이기도 하다."

— 한옌(韓炎): (윤병석 역편, 『安重根傳記全集』, 270쪽) 〈원문 225쪽〉

"안중근은 진실로 세계의 영웅호걸이므로 천고에 떨칠 것이다."

— 까오구안우(高冠吾): (윤병석 역편, 『安重根傳記全集』, 272쪽) 〈원문 226쪽〉

"안중근은 나라의 원수를 갚기 위한 것만이 아니고, 실상은 세계를 위해
공적(公敵)을 없앤 것이다."

— **판시앙레이**(潘湘纍): (윤병석 역편, 『安重根傳記全集』, 275쪽) 〈원문 227쪽〉

"안중근이 특히 이토를 죽인 것은 국가를 위해 수치를 씻고 복수한 것만이 아니라,
실제로는 세계를 위해 공적(公敵)을 없앤 것이다."

— **쩡용**(曾鏞): (윤병석 역편, 『安重根傳記全集』, 276쪽) 〈원문 228쪽〉

"안중근의 일격은 단지 한국을 위한 것일 뿐만 아니라, 아시아 평화계책을 위한
것이고, 또한 세계평화를 위한 계책이므로, 단연코 안중근은 세계의 위인이다."

— **예티엔니**(葉天倪): (윤병석 역주, 『1세기 만에 보는 희귀한 안중근 전기』, 59쪽)

기념 건물

전남 장흥 문성공 안향을 모신 만수사 전경(위)과 안중근 추모역사관(아래, 2024년 3월 26일 개관)

해동사

전남 장흥 만수사 경내의 안중근 의사 사당과 내부 전경

서울 남산에 있던 구 안중근의사기념관(1970년 10월 26일 개관)

서울 남산에 새로 건립된 안중근의사기념관(2010년 10월 26일 개관)

동상

서울 남산 구 안중근의사기념관 옆 광장, 높이 4.4m, 1974년 7월 10일 건립, 2010년 숭의여자대학교로 이안

서울 남산 안중근광장에 새로 건립한 안중근 의사 동상, 2010년 10월 26일 제막

전남 장성 상무대

충남 천안 독립기념관

경기 부천 안중근 공원

경기 안성 미리내 성지

전남 광주 중외공원

전남 장흥 정남진

서울 안중근 의사 기념관

뤼순 일아감옥구지박물관

하얼빈 안중근 의사 기념관

추모비 및 기념비

높이 10m, 가로 1.8m, 무게 33톤. 1973년 최성모(崔聖模) 헌납

높이 3.9m, 가로 3.3m, 무게 62톤. 1987년 최태섭(崔泰涉) 헌납

높이 3m, 가로 6.3m. 1979년 조규술 헌납(박정희 대통령 휘호비)

높이 3m, 가로 1.5m, 무게 20톤. 1973년
최성모(崔聖模) 헌납

높이 3.3m, 가로 2.4m, 무게 30톤. 1982년 정주영(鄭周永) 헌납

높이 2m, 가로 0.9m, 무게 6톤. 1982년
최태섭(崔泰涉) 헌납

높이 3.9m, 가로 3.3m, 무게 62톤. 1987년 유흥(柳鴻) 헌납

높이 2m, 가로 2.2m, 무게 18톤. 1987년 김남현(金南炫) 헌납

높이 3.3m, 가로 2.3m, 무게 22톤. 1987년 구자경(具滋暻) 헌납

높이 2m, 가로 1.4m, 무게 9톤. 김용출(金龍出) 헌납

높이 2.8m, 가로 1m, 무게 3톤. 1973년 최성모(崔聖模) 헌납

높이 3.6m, 가로 5.1m, 무게 30톤. 최태섭(崔泰涉) 헌납

높이 2.8m, 가로 1.3m, 무게 19톤. 1987년 김우중(金宇中) 헌납

인무원려난성대업 석비. 2012년 안용석(安容奭) 헌납

높이 2.9m, 가로 4.2m, 무게 23톤. 1975년 김용완(金容完) 헌납

경남 진해 해군작전사령부 위국헌신군인본분 석비

서울 노원 육군사관학교 위국헌신군인본분 석비

전남 광주 대한의사 안공(公)중근 숭모비

남포 남포공원 애국열사 안중근선생기념비

진남포 돈의학교 터 안중근선생기념비

러시아 우수리스크 인류의 행복과 미래 민족의 영웅
안중근 의사 석비

일본 미야기현 대림사 위국헌신군인본분 석비. 1981년 건립

일본 미야기현 청운사, 민족의 영웅 안중근 의사, 정애의 지사 치바 도시치 거사 현창공양비. 2002년 건립

이상원 화백의 안중근 의사 초상화

가로 130.3cm, 세로 193.9cm, 120호. 1970

안중근 연보

0세 1879년	9월 2일(음력 7월 16일) 황해도 해주부 광석동에서 부친 안태훈, 모친 조마리아 사이에서 장남으로 태어남.	27세 1906년	안중근 일가 진남포 용정동으로 이주. 삼흥학교 설립. 돈의학교를 인수하여 경영.
2세 1881년	여동생 성녀 출생.	28세 1907년	서우학회에 가입하고 국채보상운동에 적극 참가.

0세 1879년   9월 2일(음력 7월 16일) 황해도 해주부 광석동에서 부친 안태훈, 모친 조마리아 사이에서 장남으로 태어남.

2세 1881년   여동생 성녀 출생.

6세 1885년   안씨 일가 해주에서 황해도 신천군 두라면 청계동으로 이주.
조부 안인수가 설립한 서당에서 한학교육을 받음.
동생 정근 출생.

10세 1889년 동생 공근 출생.

13세 1892년 조부 안인수 별세.

15세 1894년 황해도 재령군 거주 향반 김홍섭의 딸 아려(16세)와 결혼.
황해도 지역 동학군에 대항해 부친 안태훈이 조직한 신천의려군 선봉장으로 출전하여 용맹을 떨침.

16세 1895년 부친의 초청으로 청계동에 온 백범 김구와 상면.

17세 1896년 부친 안태훈, 동학당으로부터 빼앗은 군량미 문제로 천주교 종현(명동)성당으로 피신하였다가 청계동으로 귀향.

18세 1897년 안태훈 일가가 홍석구 신부(J. Willhelm, 빌렘)로부터 세례 받음. 안중근의 세례명은 '도마(Thomas).'

20세 1899년 전 참판 김중환이 옹진 군민의 돈 5천 냥을 갈취한 문제 해결을 위한 총대로 선출됨.

21세 1900년 뮈텔 주교에게 대학 설립 건의, 받아들여지지 않자 프랑스어 학습 단념.
만인계 사장 취임.

23세 1902년 장녀 현생 출생.

26세 1905년 부친과 상의하여 독립기지 건설을 위해 중국 산동반도, 상해를 방문. 부친 안태훈 사망으로 귀국. 장남 분도 출생, 9세에 사망.

27세 1906년 안중근 일가 진남포 용정동으로 이주. 삼흥학교 설립. 돈의학교를 인수하여 경영.

28세 1907년 서우학회에 가입하고 국채보상운동에 적극 참가.
석탄 판매사업을 위한 삼합회(한재호, 송병운과 동업) 설립.
고종의 강제 퇴위와 군대해산을 목격하고 부상자들을 제중원(세브란스 병원)으로 입원시킴.
2남 준생 출생.
망명을 결심하고 부산-원산-청진-회령을 거쳐 두만강을 건너 간도에 김동억과 함께 도착. 간도 용정을 중심으로 동포들의 상황을 시찰하고 블라디보스토크에서 계동청년회에 가입하고 임시 사찰로 활약.
수청에서 엄인섭, 김기룡과 결의형제를 맺음.

29세 1908년 『해조신문』에『인심단합론』을 발표. 동의회(총장 최재형, 부총장 이범윤, 회장 이위종, 부회장 엄인섭) 평의원으로 참가.
연해주의병 우영장으로 참가.
이강이 설립한 블라디보스토크 공립협회 회원으로 활동.

30세 1909년

2월 7일   김기용 등 11인과 단지동맹 결성.

2월 15일   일심회 발기.

10월 18일   이토가 일본을 출발하여 요동반도 대련항에 도착.

10월 19일   안중근, 엔치야(煙秋)를 떠나 블라디보스토크에 도착.
이치권 집에 머물면서 이토의 만주 방면 시찰 소식을 들음.

10월 20일	대동공보사에서 이토의 만주 시찰을 확인. 거사자금 100원을 이석산(이진룡)으로부터 강제 차용함. 우덕순과 이토 처단 계획을 상의.
10월 21일	8시 30분발 열차를 타고 블라디보스토크를 떠남. 도중 포브라니치나야에서 한의사 유경집의 아들 유동하를 러시아어 통역으로 대동하고 10시 34분에 하얼빈으로 출발.
10월 22일	오후 9시경 안중근 일행 하얼빈역에 도착하여 유동하의 사돈 김성백의 집에 투숙. 이토는 뤼순을 거쳐 봉천(심양)에 도착.
10월 23일	김성백 집에서 이토의 만주 방문 기사가 게재된 『원동보』를 읽음. 오전에 이발을 하고 우덕순, 유동하와 함께 중국인 사진관에서 사진을 찍음. 저녁에 김성옥 집에 유숙하던 조도선을 방문, 정대호가 안중근 가족을 대동하고 하얼빈에 오는 것을 마중하기 위해 통역이 필요하다고 요청함. 안중근 거사자금 차용과 관련, 김성백에게 50원을 부탁하기 위해 유동하를 보냄. 이때 유동하는 갚을 방법을 요구함. 이강에게 거사계획과 차용금을 갚아달라는 편지를 안중근, 우덕순이 연명함.
10월 24일	안중근, 우덕순, 조도선이 함께 우편열차를 타고 남행, 채가구(차이지아거우)역 도착. 유동하에게 채가구 도착을 알리고 일이 있으면 전보를 치라고 타전. 유동하, 이튿날 아침 이토가 도착한다는 내용을 전보로 보냄.
10월 25일	안중근, 채가구를 떠나 하얼빈으로 이동.
10월 26일	안중근, 7시경 하얼빈역 도착. 이토 일행, 9시 15분에 열차에서 하차. 9시 30분 러시아 의장대 사열 후 일본 환영단으로 향하던 이토에게 4발을 발사하여 즉석에서 처단하고 수행원에게 3발을 발사하여 부상을 입힘. 이때 러시아 군인이 덮치자 권총을 내려놓고 "코레아 우라"를 세 번 외침. 이토, 열차로 옮겨졌으나 이내 사망. 안중근, 하얼빈역 구내에서 러시아 관헌으로부터 조사받음. 러시아 당국, 안중근을 일제에 인도하기로 결정. 11시 55분 채가구에 있던 우덕순, 조도선 체포당함.
10월 27일	일본 외상 고무라 주타로, 안중근 재판을 관동도독부로 넘김. 『대한매일신보』, 안중근 의거를 국내에 소개.
10월 30일	미조부치 검사, 안중근 1회 신문.
11월 1일	안중근 외 9명 뤼순으로 압송.
11월 3일	안중근 외 9명 뤼순감옥에 수감됨. 일본 외무성 정무국장 구라치가 뤼순에 도착.
11월 4일	도쿄에서 이토 장례식 거행.
11월 6일	안중근, 『안중근 소회』 제출.
11월 8일	일본 외상 고무라, 안중근에게 일본 형법 적용 지시.
11월 14일	미조부치 검사, 안중근 2회 신문.
11월 15일	미조부치 검사, 안중근 3회 신문.
11월 16일	미조부치 검사, 안중근 4회 신문.
11월 17일	미조부치 검사 유동하, 안중근 대질신문.
11월 18일	미조부치 검사, 안중근 5회 신문, 우덕순, 유동하 대질신문.
11월 19일	미조부치 검사, 안정근과 안공근 신문.
11월 22일	한국통감부, 사카이(境) 경시를 뤼순감옥으로 파견하여 신문을 개시함.
11월 24일	미조부치 검사, 안중근 6회 신문. 안중근과 정대호 대질신문.
11월 26일	미조부치 검사, 안중근 7회 신문. 사카이 경시, 안중근 1회 신문.
11월 27일	사카이 경시, 안중근 2회 신문.
11월 29일	사카이 경시, 안중근 3회 신문.
12월 1일	사카이 경시, 안중근 4회 신문. 미하이로프 변호사, 안중근과 면담하고 변호계 제출.
12월 2일	사카이 경시, 안중근 5회 신문.

12월 3일	사카이 경시, 안중근 6회 신문.		3월 8일	홍신부, 안공근 등을 대동하고 안중근을 면회.
12월 4일	사카이 경시, 안중근 7회 신문.		3월 9일	홍신부, 두 번째 안중근 면회.
12월 5일	사카이 경시, 안중근 8회 신문.		3월 10일	홍신부, 세 번째 안중근 면회. 종부성사를 청함.
12월 6일	사카이 경시, 안중근 9회 신문.		3월 11일	홍신부, 마지막 안중근 면회.
12월 9일	사카이 경시, 안중근 10회 신문. 안중근과 유동하 대질신문.		3월 15일	『안응칠 역사』를 탈고.
12월 10일	사카이 경시, 안중근 11회 신문.		3월 24일	유서 6통을 작성.
12월 11일	사카이 경시, 안중근 12회 신문.		3월 25일	안정근과 안공근이 미즈노, 가마타 두 변호사와 면담.
12월 13일	『안응칠 역사』 집필 시작.		3월 26일	동양평화를 유언으로 남기고 뤼순감옥에서 순국함. 공동묘지에 묻힘. 안정근과 안공근이 형의 유해 인도를 요구하나 감옥 당국으로부터 거부당함.
12월 16일	사카이 경시, 안정근과 안공근 신문.			
12월 20일	미조부치 검사, 안중근 8회 신문.			
12월 21일	미조부치 검사, 안중근 9회 신문. 사카이 경시, 안중근 13회 신문.			
12월 22일	미조부치 검사, 안중근 10회 신문.		3월 28일	만주일일신문사가 안중근 공판기록 발행.
			4월 2일	안중근 추모회가 블라디보스토크 한인들에 의해 개최됨.

31세 1910년

1월 14일	블라디보스토크 신한촌에서 안중근유족구제공동회 개최.
1월 26일	미조부치 검사, 안중근 11회 신문.
2월 1일	안병찬, 정근, 공근 형제가 함께 안중근 면회.
2월 6일	사카이 경시, 안중근 14회 신문.
2월 7일	제1회 공판.
2월 8일	제2회 공판.
2월 9일	제3회 공판. 더글러스 변호사, 야마토 호텔에서 재판의 부당성에 대한 기자회견 가짐.
2월 10일	제4회 공판. 미조부치 검사, 안중근에게 사형 구형. 우덕순에게 징역 3년, 조도선과 유동하에게 징역 1년6월 구형.
2월 12일	제5회 공판.
2월 13일	안명근, 뤼순 도착.
2월 14일	제6회 공판, 안중근 사형 선고.
2월 15일	안병찬을 통해 동포에게 유언을 남김.
2월 17일	히라이시 고등법원장과 면담. 동양평화론을 설파. 『동양평화론』 집필 시작.
3월 7일	홍석구 신부, 뤼순 도착.

1911년

2월 20일부터	블라디보스토크 개척리 한인학교에서 안중근 연극이 4회 상연됨.
3월 26일	블라디보스토크 한인학교에서 안중근 추도회 개최.

1918년	엔치야에서 안중근 연극 상연
1923년	상해 한중호조사(韓中互助社)에서 안중근 연극 상연.
1928년	안중근을 다룬 정기탁 감독의 영화 〈애국혼〉이 상해에서 상영.

1946년

3월 26일	서울운동장에서 10만 군중이 모인 가운데 안중근 순국 37주년 기념식 거행.

참고문헌

계봉우, 『만고의수 안중근전』, 권업신문, 1910
국가보훈처, 『亞洲第一義俠 安重根』 1·2·3, 1995
_____, 『安重根傳記全集』, 尹炳奭 譯編, 1999
국사편찬위원회, 『要視察韓國人擧動』 3, 2001
_____, 『주한일본공사관기록』 38·39·40, 1994
_____, 『總督府文書』 7, 1999
_____, 『韓國獨立運動史』 자료 11·12·14, 1982, 1984-1985
_____, 『韓國獨立運動史』 자료 34·39·40, 1997, 2003-2004
_____, 『韓國獨立運動史』 자료 6·7, 1976-1977
김구, 『백범일지』, 역민사, 1993
김정주, 『朝鮮統治史料』 5, 한국사연구소, 1970
김진복, 『왜놈 이등박문 죽인 안중근 실기』, 중앙출판사, 1946
박노연, 『안중근과 평화』, 을지출판공사, 2000
박도, 『영웅 안중근』, 눈빛출판사, 2010
박성강 편, 『獨立運動 先驅 安重根 先生 公判記』, 경향잡지사, 1946
박은식, 『안중근전』, 단국대학교 동양학연구소, 1975
백암 박은식 저, 이동원 역, 『불멸의 민족혼 안중근』, 한국일보사, 1994
신용하, 『안중근 유고집』, 역민사, 1995
안중근, 『동양평화론』(일본 국회도서관 七條淸美文書 소장)
_____, 『안응칠 역사』(일본 국회도서관 七條淸美文書 소장)
안중근의사기념관, 『안중근 의사 자서전』, 안중근의사숭모회, 1979
안중근의사숭모회, 『대한국인 안중근 학술연구지』, 2005
안학식, 『안중근 의사 전기』, 만수사보존회, 1962
역민사 편집부, 『재판장 마음대로 하시오』, 역민사, 1993
유경환, 『안중근』, 태극출판사, 1972
이 전, 『安重根血鬪記, 一名 義彈의 凱歌』, 연백 연백중학기성회, 1949
이기웅, 『안중근 전쟁, 끝나지 않았다』, 열화당, 2002
이태호, 『하얼빈역두의 총성(哈爾賓驛頭의 銃聲)』, 삼중당서점, 1931
장석흥, 『안중근의 생애와 구국운동』, 한국독립운동사연구소, 1992
천주교 정의구현사제단, 『추모자료집』, 1990
최서면, 『새로 쓴 안중근 의사』, 집문당, 1994
최이권 편역, 『애국충정 안중근 의사』, 법경출판사, 1980
최홍규, 『安重根事件公判記』, 정음사, 1975
한국교회사연구소, 『뮈텔 주교 일기』 1-2, 한국교회사연구소, 1993, 1998
홍종균, 『大韓偉人 安重根傳』, 신한국사, 1911

김우종·리동원, 『안중근 의사』, 흑룡강조선민족출판사, 1998
金宇鐘·崔書勉, 『安重根』, 遼寧民族出版社, 1994
滿洲日日新聞社, 『安重根事件公判速記錄』, 1910
田漢等 編著, 「安重根刺伊藤」, 『中國話劇運動 50年史 資料集』, 中國戲劇出版社, 1957
『高等小學校文範』
谷讓次, 『安重根四十の場面』, 五月書房, 1989
大野芳, 『伊藤博文暗殺事件』, 新潮社, 2003
市川正明, 『安重根と日韓關係史』(明治百年史叢書), 原書房, 1979
_____, 『安重根と朝鮮獨立運動の原流』, 原書房, 2005
日本 外務省 外交史料館, 『要視察外國人ノ擧動關係雜纂-韓國人之部』(문서번호: 4.3.1, 2-1)
_____, 『不逞團關係雜件-韓國人ノ部』(문서번호: 4.3.2, 2)
_____, 『伊藤公爵滿洲視察一件』(문서번호: 4.2.5, 245)
_____, 『倉知政務局長統監府參事官兼任中二於ケル主管書類集』(문서번호: 4.3.2, 2)
日本國際連合協會, 『日本外交文書』 第42卷 第1冊, 1961
滄崎老紡室, 『安重根傳』, 上海 大同編譯局, 1914
齋藤泰彦, 『わが心の安重根』, 五月書房, 1994
齋藤充功, 『伊藤博文お擊つえ男』, 中公文庫, 1994
佐木隆三, 『伊藤博文と安重根』, 文藝文庫, 1996
中野泰雄, 『安重根韓日關係の原像』, 東京 亞紀書房, 1979
Б.ДПак, Воздие На Хароинском Боква-Иркутск, 1999
『이토 히로부미의 암살범 안중근 의사의 공범 체포에 관한 보고서』 (РГИ А, фоись, No2000, оцись No.1. депо)
『안중근 의거 첩보 보고서』(РГВИАИ ФондNO2000оцисьNO.1 депоNo.4107)
『Восточнаря』, Новая жизнь, приамурье, дапекая окраина, Уо сурий ская окраин, Дапьний Восток, Речь.
Weber, Norbert, Im Lande der Morgenstille : Reise-Erinnerungenan Korea, Missionsverlag St. Ottilien, 1923
신 문: 『대한매일신보』 『황성신문』 『대한민보』 『경향신문』 『대동공보』 『해조신문』 『권업신문』 『신한민보』 『신한국보』 『조선일보』 『동아일보』 『民吁日報』 『上海新報』 『香港華磁日報』 『東方雜誌』 『世界日報』 『自由申報』 『中西日報』 『遠東報』 『遼東新報』 『中華日報』 『滿洲日日新聞』 『滿洲新報』 『朝鮮新聞』 『京城新報』 『朝日新聞』 『每日新聞』 『法律新聞』 『週間勞動』